陳述◎著

契丹史論證稿

山西出版傳媒集團
山西人民出版社

圖書在版編目(CIP)數據

契丹史論證稿 / 陳述著. -太原： 山西人民出版社，2014.12(2024.2重印)
(近代名家散佚學術著作叢刊 / 許嘉璐主編)
ISBN 978-7-203-08700-7

Ⅰ. ①契… Ⅱ. ①中國歷史-研究-遼代
Ⅳ. ①K246.107

中國版本圖書館CIP數據核字(2014)第205962號

契丹史論證稿

主　　編　許嘉璐
著　　者　陳　述
責任編輯　梁晉華

出 版 者　山西出版傳媒集團·山西人民出版社
地　　址　太原市建設南路21號
郵　　編　030012
發行營銷　0351-4922220　4955996　4956039　4922127(傳真)
天猫官網　https://sxrmcbs.tmall.com　電話　0351-4922159
E-mail　sxskcb@163.com　發行部
　　　　sxskcb@126.com　總編室
網　　址　www.sxskcb.com

經 銷 者　山西出版傳媒集團·山西人民出版社
承 印 廠　山西出版傳媒集團·山西新華印業有限公司

開　　本　700mm×970mm　1/16
印　　張　12.75
字　　數　130千字
版　　次　2014年12月　第一版
印　　次　2024年2月　第二次印刷
書　　號　ISBN 978-7-203-08700-7
定　　價　64.00圓

《近代名家散佚學術著作叢刊》編委會

出版説明

近代名家散佚學術著作叢刊選取一九四九年以後未再刊行之近代名家學術著作共一百二十册，編例如次：

一、本叢書遴選之著作在相關學術領域具有一定的代表性，在學術研究方向、方法上獨具特色。

二、爲避免重新排印時出錯，本叢書原本原貌影印出版。影印之底本皆經專家組審定，原書字體大小，排版格式均未做大的改變，原書之序言、附注皆予保留。

三、本叢書分爲八大類，以作者生卒年編次。

四、爲使叢書體例一致，本叢書前言後記均采用繁體字排版。

五、個别頁碼較少的版本，爲方便裝幀和閲讀，進行了合訂。

六、少數學術著作原書内容有個别破損之處，編者以不改變版本内容爲前提，部分進行修補，難以修復之處保留缺損原狀。

七、原版書中個别錯訛之處，皆照原樣影印，未做修改。

八、所選版本之抽印本頁碼標注，起始至所終頁碼均照原樣影印，未重新編排標注新頁碼。

由於叢書規模較大，不足之處，殷切期待方家指正。

總序／

披沙瀝金，以爲鏡鑒

◇許嘉璐

多年來有一個問題始終在我腦中盤桓：爲什麼在十九世紀末到二十世紀初，在短短的幾十年裏，中國的各個學術領域竟涌現了那麼多大師級的人物？這是中國近代史上一個極爲重要的現象，我認爲，如果不能給出令人滿意的答案，我們撰寫的近代學術史將是不完整的，甚至是缺乏靈魂的。後來我知道，著名人類學家克羅伯曾提出過一個問題：爲什麼天才成群地來？看來這種現象的出現並非中國所獨有，思考其所以然的也大有人在。而在那一次世紀之交中國的情況，似乎應驗了「天才成群地來」這個令克氏久久不解的疑問。錢學森先生曾從相反的方向提出了相同的疑問：爲什麼我們這個時代出現不了杰出人才？後來人們稱這個問題爲「錢學森之謎」。

要回答這些疑問不是件容易的事。與其迅速地囫圇地探尋，不如先多了解那些讓中國近代學術（應該包括人文科學和自然科學）史上閃耀着光輝的大師們的作品和自述，從而在腦海里盡量「復原」他們所處的環境和在那種環境下的心理路徑，從中或許可以得到一些啓示。

有一點是顯然的，這就是他們雖然都已遠離塵世而去，但是他們獨立思考的品性、求知治學的真誠、困厄窮愁中對節操的堅守，恐怕是他們共同的主觀因素，一直影響到現在，而且將會永遠留存下去。

就思想界、學術界而言，二十世紀上半葉是一個新説和舊説碰撞，中學和西學融匯的大時代。那時的學人極爲重視言行操守，同時具備現代知識分子的理想信念；他們的學術研究十分純凈，絶少功利因素；他們的視界開闊，以包容的心態和嚴謹的風格造就了成果的大氣與厚重。至於在客觀因素一面，他們實際是在用工業化時代的事實解説着太史公所説的名山之作「大抵聖賢發憤之所爲作」，困厄苦難使得他們「皆意有所鬱結」。這種鬱結，幾乎和個人的名利毫無牽涉，他們永遠不能釋懷的，是民族的存亡、國運的興衰、民衆的福禍和文脈的續斷。

那個時代也是近代歷史上最大規模的中西古今學術調適、創新的時期，學術方法上的交互滲透和融合、創新亦可謂「於斯爲盛」。斯時之學人是要在封閉的屋墻上鑿出窗子的勇士，是使人能够看看外部世界的第一批導夫先路者；或者可以説，他們是在「意有所鬱結」時「彷徨」和「吶喊」的「狂人」。

相對於那時的哲人們，後來者是幸運兒。現在的形勢是，近三十年來學界空前繁榮，衆多學科有了長足之進，其中很重要的一點是學界有了更新穎、更廣闊的國際視野，似乎接續上了百年前的學壇盛事。但細想想，「古」與「今」還是有差别的。其異，主要不在於世界情勢、學術進展、工具改善這些客觀存在，而在於在廣泛吸收各國優長的同時，自身文化的主體性越來越受到重視，换言之，「拿來主義」已經延長了「拿來」的程序，加上了試用、甄别、篩選、吸收、融合、成長。就我孤陋所見，在當今地球上，面向所有異質文明，努力汲取我之所缺，其範圍之大和心態之切，似乎無出中國之右者。從這個角度説，我們已經超越了前輩。但是事情還有另外一面，學術，特别是人文學科，其職業化、「沙龍化」和功利性，以及隨之而來的浮躁病却嚴重了。從這個角度説，是不是我們已經後退得够可以的了？而這是不是我們這個時代出不了大師的原因之一呢？

民國學術界的特點之一是極爲注重對傳統的反省、批判與繼承。他們對傳統文化盡最大的努力進行整理和研究。一方面，由於戰亂頻仍，民不聊生，學者們擔起了讓中華文化薪火相傳的歷史責任；另一方面，他們要通過對中國傳統文化的整理、挖掘來重振民族自信心。這一時期對傳統文化進行整理的全面而深入是前所未有的，舉凡文字學、語言學、經濟學、法學、哲學、政治制度、書法繪畫、金石學……規模之宏大，研究之精微，令人嘆爲觀止。

民國學術推動了現代學科體系的建立。在對傳統文化整理和研究的基礎上，吸收西方的文化思想和理念，推動和建立了中國現代學科體系。例如，在對語言文字和音韵學成果進行整理、研究的基礎上開始着手規範之，建立了國語學；深入研究書法、國畫，將其融入了現代美術學科；在廢除舊有學制後逐步建立起小、中、大學較完整的科目和學科體系。

民國學術也改變了傳統學術方式，建立了新的研究範式。以現代科學考古爲發端，科研的實踐和成果使中國知識界真正認識到在實驗、比較基礎上的邏輯分析對學術研究的重要，推進了中國學術的一大演變。至於我們常説的打破士大夫傳統、走出書齋到田野鄉村和市民中進行調查研究、結束了經學時代、以歷史眼光檢視儒學和諸子等等，都是確立新學術範式的努力。這一轉變，也標誌着中國學術界脱胎换骨，全面進入了現代，爲此後的學術發展奠定了堅實的基礎。當然，西方啓蒙運動以來，在「現代性」和「現代化」裏潛伏着的缺陷和謬誤也傳到了中國，這些不能不在前哲的著作裏留下痕迹。這並不奇怪。類似的情況，古往今來孰能免之？猶如今天的我們，誰敢自稱我之所見就是永恒的真理？在這個問題上兩個時代所異者，或許就在昔時大家創立新説或譯註西學著作，往往是懷着對學術和前哲的敬畏而爲之，故而常常誤不在我；當今則往往出於對學問和他人的輕蔑，或以所研究的對象爲謀己的工具，因而難辭主觀之咎吧。翻閲他們的心血之作，這些復雜的狀況可以顯見，可以視之爲我們的一面鏡子。

滄海桑田，世事變幻，歷史的動盪和時代的遮蔽，使當年許多大師的一些極有價值的學術著作被棄於故紙堆中，不能不令人有遺珠之憾。爲此，山西人民出版社不惜以數年之艱辛，披沙瀝金，編輯出版這套近代名家散佚學術著作叢刊，凡一百二十册，計文學、史學、政治與法律、美學與文藝理論、民族風俗、宗教與哲學、經濟、語言文獻共八大類别。所選皆爲作者之純學術著作，無論是其見解、精神，抑或是其時代烙印，都是後輩學人可資借鑒的寶貴財富。他們出版這套叢書，意在讓世人不忘來程，知篳路藍縷之不易，爲民族文化的傳承再增薪木。

出版社的初衷，與我近年來所思所慮近似，故願略述淺見於書端，以與策劃者、編輯者和讀者共勉。

二〇一四年七月六日

改定於自安東回京途中

前言

◇汪高鑫

中國近代的歷史，交織着多重矛盾。有傳統社會所具有的階級矛盾，有因帝國主義入侵而激化的民族矛盾，還有新舊思想觀念的矛盾，等等。正是社會矛盾的激盪，促進了近代社會的運動、嬗變與轉型，帶動了社會各種思潮的不斷涌現，進而引發了各種史學思潮的興起和近代史學的發展。一言以蔽之，近代中國史學與史學思想的發展變化，與近代中國社會的變遷是休戚相關的。

民國時期的社會變遷與轉型，直接促成了民國史學的發展和史學觀念的改變以及史學方法的創新。縱觀民國時期社會變遷與史學的發展，大致可以劃分爲兩個時期，第一個時期從一九一二年民國成立到一九三七年抗戰爆發，第二個時期從一九三七年抗戰爆發到一九四九年新中國成立。

第一個時期，中國社會的變遷大致經歷了從中華民國建立到北洋軍閥統治、從五四運動的爆發到兩次國内革命戰争兩個階段。與此相對應，民國史學的發展也緊隨時代變化，明顯呈現出時代特徵。

在第一個階段，中國爆發了辛亥革命，結束了兩千多年的帝制統治，建立了資産階級民主共和體制的中華民國，然而資産階級臨時政府的權力很快又落入到袁世凱北洋軍閥手裏，中國政治進入了北洋軍閥黑暗統治時期。以梁啓超爲代表的一些早期提倡新史學的史家，因爲對袁世凱政府抱有幻想，而參加了北洋軍閥政府，由於忙於事務性的工作，早前由他們發動的資産階級新史學工作因此被耽擱了。這一時期新史學流派的歷史研究没有取得什麼實質性的成果。

北洋軍閥政府的獨裁統治與尊孔復古，激起了全社會的反抗，隨着維護資產階級民主共和的護國運動和護法運動的相繼開展，思想文化領域反對尊孔復古的新文化運動也於一九一五年開始廣泛開展起來，「民主」與「科學」便是這一運動所打出的旗幟。與此同時，大概自一九一六年以後，隨着一些留美、日、歐學生先後歸國，帶來了各種資產階級新思想。一時間，各種西方新學説不斷涌入，如英國羅素的社會改良主義、法國柏格森的生命哲學、德國李凱爾特的新康德主義、美國杜威的實用主義、馬克思主義，如此等等，當時中國的思想界可謂非常活躍。這些新學説、新思想的涌入，大大激發了這一時期中國史學家們的史學思想與歷史研究，各種新的史學研究方法得到介紹和提倡，史學出現了新的氣象。

從新文化運動到一九一九年五四運動時期，史學的代表人物主要有胡適、王國維、李大釗等人。胡適一九一七年留美回國後，很快成爲新文化運動的代表人物之一。在治學方法上，他將美國學者杜威的實驗主義運用到史學研究當中，於一九一九年提出了「大膽的假設，小心的求證」的治史方法和「整理國故，再造文明」的口號，發表了中國哲學史大綱這一以實驗主義研究中國歷史的示範之作，由此開啓了近代中國實證主義史學。王國維一九一六年留日歸國後，致力於甲骨文、今文和古器物考釋等的研究，一九一七年寫成的殷卜辭中所見先公先王考、殷周制度論，是考古學與歷史學相結合的開創性的研究成果。胡適與王國維等人的史學研究與方法，開創了近代中國史學研究的新範式。李大釗是近代中國第一個傳播馬克思主義的史學家。他於一九一六年留日歸國後，便積極投身於新文化運動中。當年發表了長文民彝與政治，從學理上論述如何根除帝制獨裁問題；次年發表了自然的倫理觀與孔子，對北洋軍閥政府尊孔復古進行抨擊；一九一九年在新青年上發表了我的馬克思主義觀，開始係統介紹馬克思主義史學理論，由此奠基了中國馬克思主義歷史觀。

第二個階段，爲中國兩次國内革命戰争時期。第一次國共合作北伐，取得了反對北洋軍閥統治的勝利；第二次國共内戰，其間日本帝國主義不斷擴大侵華，民族危機日益加重。盡管這一時期的中國戰亂不已，國家還面臨着嚴重的民族危機，卻是民國史學大發展時期；而造就這種大發展的原因，既有五四新學術思想的持續爆發的因素，也與二十世紀二三十年代社會變遷密不可分。

二十世紀二三十年代民國史學的大發展，突出表現在新歷史考證學上，這顯然是對五四時期開啓的實證史學的繼續和發展。一九一九年底，胡適發起「整理國故」運動，從歷史學的角度提出「整理國故」的步驟與方法，繼續宣揚他的所謂學術求真。胡適認爲，「整理國故」的目的在於學術求真，並非現實致用，並提出了「整理國故」的四個具體步驟：第一步是條理係統的整理，第二步是尋出每種學術思想發生原因和效果，第三步是要用科學的方法做精確的考證，第四步是綜合前三步的研究還他一個本來面目。應該説胡適的「整理國故」對於歷史研究有着方法論的意義。受胡適疑古實證思想影響的顧頡剛，在史學上的突出成就和影響，是提出「層累地造成的中國古史」的觀點，以及創辦古史辨，推動中國古史的研究。顧頡剛古史辨的具體成就，除去提出「層累地造成的中國古史」的命題，還揭示了三皇五帝古史係統由神話傳説層累造成，打破了民族出於一元和地域向來一統的傳統説法，以及對古書著作時代的大量考訂。顧頡剛的治史宗旨，用他自己的話來説，就是「只當問真不真，不當問用不用」（注一）。傅斯年曾經留學德國，深受西方蘭克「史料即史學」的實證主義影響。一九二八年創辦中央研究院歷史語言研究所，大力宣揚蘭克史學思想。按照傅斯年的説法，「學問之道，全在求是」（注二），一分材料只能説一分話，史學便是史料學。王國維在這一時期的歷史考證涉獵廣博，於漢晉木簡研究有流沙墜簡考釋、墜簡考釋補證和簡牘檢署考，於敦煌寫卷研究有與羅振玉合編的敦煌石室遺書，於甲骨文等古文字研究貢獻尤大。在治史方法與理論上，王國維的

「二重證據法」之「古史新證」理論，對於民國史學的影響極大。陳垣這一時期的治史集中於宗教史和文獻學。於宗教史上，從一九一七年至一九二三年，他先後發表了元也里可温考、開封一賜樂業教考、火祆教入中國考和摩尼教入中國考，合稱「古教四考」；於文獻學上，他對目録學、年代學、史諱學和校勘學等領域多有建樹。陳垣治史以重史源、講類例爲其特點。以上史家雖然治學方法與特點不盡相同，但都以考證見長。

這一時期「新史學」史家的史學研究與方法也取得了一定的成就。梁啓超這一時期的史學研究可謂多産，從一九二〇年至一九二七年，先後發表清代學術概論、先秦政治思想、中國歷史研究法及補編、中國近三百年學術史和古書真僞及其年代等，治史重點在學術史與方法論。與當年發起「新史學」相比，梁氏這一時期的史學研究呈現出廣疏多變的特點。何炳松在「新史學」思潮中可謂獨樹一幟，他於二十世紀二三十年代中國史學界的最大影響，便是對魯濱遜新史學的介紹和評論。何炳松係統闡發了「新史學」的「綜合史觀」，主張歷史研究要反映人類活動的全部，史學研究的方法應該多元化，如統計學的方法、生物學的方法等等，要綜合利用各種學科的成果特别是新學科的進展開展歷史的研究，並表達了對於歷史學的意義、價值和發展前景的看法。

與此同時，這一時期的馬克思主義史家對歷史學的研究繼續做出了貢獻。一九二四年，李大釗出版史學要論，運用唯物史觀對歷史、歷史學、歷史學的係統、史學在科學中的地位、史學與其他相關學科之間的關係、現代史學的研究及於人生態度的影響等史學基本理論問題作了闡述。一九二七年大革命失敗後，一些關注中國前途與命運的學者受到困惑，於是一場關於中國社會性質的大論戰逐漸開展起來。馬克思主義史家積極參與其中，郭沫若便是其中的杰出代表。一九三〇年，郭沫若出版了中國古代社會研究一書，這是民國時期中國第一部運用唯物史觀分析、解剖中國古代社會的著作。該書以物質資料生産方式的發展和變革來解釋中國古代社會歷史發展的全過程，論證中國歷史發展與世界歷史發展的共同性，對中國古史分期提出了自己獨創性的看法。參與社會史大論戰的馬克思主義史學家還有呂振羽、何幹之、翦伯贊、侯外廬、鄧拓等人。但總體來看，與歷史考證學派相比，這一時期的「新史學」派和馬克思主義史學派並不佔據主流。

第二個時期，中國經歷了抗日戰爭和解放戰爭，民國史學在這個時期的表現有兩個顯著特點：其一是緊緊服務於抗戰的需要而出現的抗戰史學；其二是馬克思主義史學得到了迅速發展，逐漸形成自己的革命史學體係。

抗日戰爭的爆發，引起了中國史學界巨大的震撼。面對中華民族出現前所未有的嚴重危機，在第一時期佔據史學主流地位的新考證學派史家，他們過去那種一味重視學術求真，而不講究學術致用的治史價值取向，在這時發生了重大改變，開始以史學積極服務於抗戰。早在九一八事變以後，面對中華民族的危機，顧頡剛、傅斯年、陳垣等考證學派史家就開始拿起自己的史筆，積極投身於抗日救亡的時代大潮中。顧頡剛一九三四年創辦禹貢半月刊，開始高舉愛國主義的民族主義旗幟。之所以要以「禹貢」爲刊名，按照顧頡剛的説法，是「今日談起禹域，都會想起『華夏之不可侮與國土之不可裂』」（注三）。很顯然，禹貢半月刊的宗旨，便是要通過對於邊疆歷史地理的研究，激發全民族抵抗日本帝國主義侵略的熱情與決心，以達到維護祖國領土完整的目的。傅斯年在九一八事變後，出版了東北史綱，以大量史實論證東北自古以來就是中國的固有領土，對日本帝國主義御用歷史學家的種種歪曲史實的謬論予以駁斥。全面抗戰爆發後，傅斯年又寫了中國民族革命史一書，雖然是未完稿，卻已經表達了他的民族思想。該書以歷史爲依據，充分論證了中華民族的同一性、整體性和不可分割性，因此，在面對日本帝國主義侵略中國的嚴重危機的緊要關頭，中華民族應該團結起來共同禦侮，要發揚中華民族百折不撓的精神，樹立起中華民族抗戰的必勝信心。陳垣在新中國成立後給友人的書信中講到了九一八事變後他的治史取向的轉變：「九一八以前，爲同學講嘉定錢氏之學；九一八以後，世變日亟，乃改顧氏日知録，注意事功，以爲經世之學在是矣。」（注四）抗戰爆發後，陳垣當時身陷淪陷區，卻堅持以史學爲抗戰服務，其中最具代表性的史著便是「宗教三書」和通鑑胡注表微。所謂「宗教三書」，是指明季滇黔佛教考、清初僧諍記和南宋初河北新道教考，雖然講的是宗教，卻表現了愛國的民族情操。明季滇黔佛教考是表彰明末遺民的愛國精神與民族氣節；清初僧諍記是通過宗教史的研究，來揭露變節者、抨擊賣國求榮的漢奸；南宋初河北新道教考也是用以表彰抗節不仕之遺民。通鑑胡注表微是陳垣最具代表性的史學著作，也是一部關注現實的史著，書中表現出了陳垣對歷史前途和民族命運的思考。錢穆在抗戰時期的史學研究，愛國的民族主義色彩也非常濃厚。一九三七年，錢穆寫成了與梁啓超同名史著中國近三百年學術史。該書以思想文化爲基礎和綫索，以學術傳承爲核心，通過史實證明中國傳統文化的優越性，旨在提醒國人要重視挖掘中國傳統文化的長處和價值，持守中國傳統文化的精神，保持一種民族的自信心。毫無疑問，這種民族自信對於全民族團結抗戰是非常必要的。一九四〇年，錢穆多年國史教學講義國史大綱出版。該書以「國史」作稱謂，反映了作者作史的民族國家本位意識。錢穆明確指出：「治國史之第一任務，在能於國家民族之内部自身，求得其獨立精神之所在。」（注五）該書的具體内容也充分體現了這一精神，它將文化、民族與歷史三者結合起來對中國歷史加以考察，認爲這種歷史發展過程即是民族文化精神的演進過程，歷史研究的目的不僅在於弄清楚歷史的真實，更重要在於弄清楚歷史背後蘊藏的民族文化精神，從而積極地去傳承這種民族文化精神。

當然，新考證學派史家開始轉向經世致用，只是治史的價值取向發生了變化，並不等於放棄了一貫的注重考證的治史方法。相反，在民國後期，這種治史方法還得到了發展，并且取得了很多重要成果，陳寅恪的詩文箋證和「民族文化之史」的論述便是典型代表。陳寅恪屬於考證學派代表人物之一，這一時期出版的隋唐制度淵源略論稿和唐代政治史述論稿是其考證隋唐史的力作。陳寅恪對於史料的運用有自己獨到的見解，認爲史家之於史料應該善於審定，辯證地看待真僞，同時要善於利用史料，詩詞、小説，以及裨史、筆記等，都可以用做歷史研究的材料，這顯然是一種「通識」的史料觀。陳寅恪詩文箋證的治史方法，即是在這種史料觀的指導下産生的，具體做法是以歷史記載去箋證詩文，同時詩文又可用以證史、探討史事，從而開闢出了一條新的證史路徑。一九五〇年出版的元白詩箋證稿，以及晚年寫成的巨作柳如是別傳，便是運用這種方法的代表作。陳寅恪關於「民族文化之史」的論述，其基本内涵包括政治制度、社會習俗、學術思想、文學藝術。陳寅恪的歷史觀念，是要以民族文化爲根基，同時吸收外來學説，由此構建起本民族思想文化體係；而不談經濟基礎的作用，則是其歷史觀念的局限性。

這一時期的中國馬克思主義史學家，不但積極投身於抗戰史學當中，爲全民抗戰進行歷史研究，而且把歷史研究與當時的革命鬥争相結合，逐漸形成了馬克思主義的革命史學。縱觀這一時期中國馬克思主義史學研究，主要在以下三個方面取得了顯著成就：其一是社會史研究，代表史家有吕振羽、鄧初民、侯外廬等人。吕振羽於一九四二年出版了中國社會史諸問題，該書是對二十世紀二三十年代中國社會史問題論戰的一個較爲係統的總結，正如作者在新版序言中所説，該書「反映了中國新史學在歷史科學戰綫上的鬥争過程中的若干情況，也反映了有關各派對中國史問題的基本立場、觀點、方法及其在一定時期的發展過程，可作爲中國馬克思主義史學史的參考資料」。鄧初民於一九四〇年和一九四二年分别撰寫出版了社會史簡明教程和中國社會史教程，兩書運用馬克思主義唯物史觀，分别論述了人類社會歷史的發展過程及其規律和中國社會歷史的發展過程及其規律。在中國社會史教程一書中，鄧初民指出了中國社會發展的前途是光明燦爛的，我們應該要「努最後必死之力，加以争取」。侯外廬於一九四七年出版了中國古代社會一書，內容涉及生產方式、政治結構、階級關係、國家和法以及道德起源等問題，見解頗爲深刻。總體來説，這些社會史著作可以被看作是二十世紀二三十年代社會史大論戰的總結、延續和深入。

其二是通史研究。這方面的成就尤爲突出，吕振羽的簡明中國通史、范文瀾的中國通史簡編和翦伯贊的中國史綱都是這一時期的通史名作。吕振羽於一九四一年出版簡明中國通史上册，如同其出版序言所説，該書「與從來的中國通史著作頗不同」，這種「頗不同」主要表現在它「把中國歷史作爲一個發展過程在把握」，「還盡可能照顧到中國各民族的歷史及其相互關係」。一九四八年出版下册，在跋語中作者申明該書的基本精神是「把人民歷史的面貌復現出來」。范文瀾於一九四二年出版了中國通史簡編，該書的基本精神旨在將歷史研究與中華民族的前途相結合，如同作者在上册序言中所説的，「我們要瞭解整個人類社會的前途，我們必須瞭解人類社會過去的歷史；我們要瞭解中華民族的前途，我們必須瞭解中華民族過去的歷史」。這也正是中國通史簡編撰寫的初衷。本着這樣一個目的，該書的編寫運用馬克思主義觀點，肯定勞動人民的歷史作用，重視探尋社會發展的規律，注意分析階級鬥争的本質，積極反映生産鬥争的面貌。翦伯贊於一九四三年和一九四六年分别出版了中國史綱第一、二册，該書運用馬克思主義觀點，剖析了商周社會性質以及戰國秦漢社會性質的轉變，注意將中國歷史置於世界歷史的大背景下進行考察，在研究方法上重視以考古材料與文獻資料相結合。

其三是思想史研究，代表史家有吕振羽、何幹之、侯外廬等人。吕振羽於一九三七年出版了中國政治思想史，這是我國第一部運用馬克思主義理論論述中國政治思想的著作。撰述的初衷，是針對陶希聖的同名著述，可以被視爲社會史論戰的延伸。作者解釋所謂的政治思想史，「本質上係同於社會思想史」。全書按社會性質及其發展階段，對上自商朝下至鴉片戰爭前的中國政治思想史作了係統論述。何幹之於一九三七年出版了近代中國啓蒙運動史，該書重視將思想運動和社會的經濟結構、政治形態聯係在一起來進行研究，肯定評價各種思想文化必須運用「歷史的眼光」，把思想文化放在特定的歷史環境中進行考察、分析和評價。侯外廬關於思想史的研究建樹最多，他於一九四四年出版了中國古代思想學説史，具體探討了歷史演進與思想發展、新舊範疇與思想變革、思想發展過程與時代個別學説、學派同化與學派批判、學説理想與思想術語、現實與遠景等等的關係，見解深刻；一九四五年出版了中國近世思想學説史，這是一部論述十七世紀至二十世紀中國思想學説發展史的著作，以十七世紀爲啓蒙思想期、十八世紀爲漢學運動期、十九世紀以後爲西學東漸期做劃分；一九四七年主持編寫出版了中國思想通史第一卷，該書編寫的主旨思想，作者在出版序中説，是「特在於闡明社會進化與思想變革的相应推移，人类新生與意識潛移的聯係」。

如果説五四運動以來至抗戰以前的中國馬克思主義史學的傳播主要還只是李大釗、郭沫若等少數人的努力的話，那麽隨着抗日戰争爆發，這樣的局面得到了很大的改觀，馬克思主義史學在此後得到了迅速發展。隨着馬克思主義史學家們在史學研究各個領域的全面開展，并且取得了許多重要的研究成果，一種新的「革命史學」體係便逐漸建立起來了。這種「革命史學」爲抗日戰争和全國解放戰争的勝利做出了重要貢獻，成爲中國共産黨領導的中國革命事業的重要組成部分。

縱觀民國時期史學的發展，明顯呈現出以下特點：首先是階段性。民國史學如同民國社會一樣，處在不斷的嬗變當中，故而呈現出明顯的階段性特點。這種階段性，大致可以分爲民國建立前後從傳統史學向新史學的轉變，五四時期及此後新史學向考證史學（廣義而言考證史學也屬於新史學）的轉變，抗戰時期考證史學向經世史學的轉變，從抗戰到解放戰争時期，馬克思主義革命史學迅速發展。

其次是經世性。民國史學的嬗變，呈現出階段性特點，又是與史學發揮其經世功能緊密相連的。五四新考證學派史學雖然標榜自己的學問「只當問真不真，不當問用不用」，其實他們的考證史學是與五四新文化運動提倡的科學精神分不開的。新考證史學雖然有傳承乾嘉治史方法的因素，更有學習西方，希望建立科學的史學的願望所在。正如顧頡剛所説的，「五四運動以後，西洋的科學的治史方法，才真正傳入，於是中國才有科學的史學可言」（注六）。這種科學的史學，與當時建立科學、民主的中國的社會訴求是相一致的，其實也是具有經世的内蘊於其中的。抗戰時期，包括實證主義和馬克思主義等在内的史家都積極投身於宣傳民族文化當中，則是與當時的救亡圖存聯係在一起的，這種史學經世直面社會問題、直面民族危機，其方式當然更加直截了當。毫無疑問，民國史學在其不同階段，整體上都没有脱離經世的主旨，這也是中國史學的優良傳統。

再次是流派多。這一時期的史學流派可謂异彩紛呈，有新史學派、國粹派、新考證學派、馬克思主義學派等等。每一學派下面又可具體劃分出具有不同特點的派别，如新考證學派雖然都以考證見長，但他們的學術風格還是不盡相同的，據此又可細劃出以胡適爲代表的實證派、顧頡剛爲代表的古史辨派、傅斯年爲代表的史料學派、王國維爲代表的考古派等等。一些學者根據各自不同的標準，對民國史學流派作了不同的劃分，如有信古派、疑古派與釋古派之分，有傳統派、革新派與科學派之分，有考據學派、唯物史觀派和理學派之分，有掌故派、社會學派之分，如此等等，不一而足。

總體來看，民國史學影響最大者，莫過於新考證學派和馬克思主義學派，抗戰以前以新考證學派最盛，抗戰以後馬克思主義學派得到迅速發展。這些史學流派的史學理論與方法，迄今依然成爲我們歷史研究的重要範式。

近代名家散佚學術著作叢刊選取了一九四九年以後未再出版的十六部民國時期的史學著作進行重刊，它們分别是朱謙之的扶桑國考證、魏應麒的中國史學史、衛聚賢的中國考古小史、陳伯瀛的中國田制叢考、謝國楨的清初流人開發東北史、張鵬一的唐代日人來往長安考、鍾歆的揚子江水利考、梁盛志的漢學東漸叢考、顧頡剛、楊尚奎的三皇考、陶棟的歷代建元考、陳述的契丹史論證稿、陳寶泉的中國近代學制變遷史、陳里特的中國海外移民史、鄭鶴聲的史漢研究、章中如的清代考試制度資料和郭伯恭的永樂大典考。之所以重刊這批史學著作，是看到了它們在今天依然有其學術價值所在。作爲一份豐厚的史學遺産，值得我們去加以發掘和繼承。

從所選十六部史學作品來看，明顯打上了民國史學的時代烙印，體現了民國史學的時代特徵。首先，研究内容涉獵廣博。涉獵廣博，是民國史學的基本特點，反映了民國史家學術視野的開闊。選擇重刊的雖然只有十六部史著，涵蓋面卻非常廣博，有史學史方面的，如中國史學史、史漢研究；有學術史方面的，如漢學東漸叢考、永樂大典考；有教育史方面的，如中國近代學制變遷史、清代考試制度資料；有經濟史方面的，如中國田制叢考、揚子江水利考、清初流人開發東北史；有考古史方面的，如中國考古小史；有民族史方面的，如契丹史論證稿；有中外交往史方面的，如扶桑國考證、唐代日人來往長安考、中國海外移民史；還有名號、年號史方面的，如三皇考、歷代建元考等。這樣的全方位的歷史研究，是民國史學的一個縮影。

其次，治學方法重視考證。重視考證，是民國史學的顯著特點。在十六部史著中，除去魏應麒的中國史學史、衛聚賢的中國考古小史、陳寶泉的中國近代學制變遷史、陳里特的中國海外移民史、鄭鶴聲的史漢研究和章中如的清代考試制度資料等六部外，其他十部都是考史著作。涉及的考證領域很廣，有國名、田制、開發、交通、水利、學術、名號和學制等等。在具體考證上，重視方法的運用。如朱謙之的扶桑國考證，按照作者自己在自序中所說，該書是「從文獻學、民俗學、考古學三方面的史料搜集和批評的結果」，這裏既是講史料搜集問題，也是講歷史考證方法。又如陳伯瀛的中國田制叢考，作者也在自序中交代了其作史、考史方法：首在網羅放失，整輯舊聞；次在探究原本；三則覆核名實；四則辨正事蹟；五則鑒古度今。可見該書對廣占資料、辨證核實的重視。

再次，治學宗旨强調致用。經世致用，是民國史學的重要特點，抗戰以後的史學表現尤其突出。所選十六部史著，也體現了重視經世致用的特點。如陳伯瀛之所以要撰述中國田制叢考，按照作者的解說，是因爲田制與農人、社會和國家休戚相關。該書「敍引」就說，田制影響農人生計，農人生計又會影響到社會秩序與和平。又如鍾歆的揚子江水利考，作者在該書「敍言」中論述了撰述該書的原因：一方面民國以前揚子江鮮有水患，所以過去這方面的論著很少；另一方面民國以來的數十年間，揚子江水患頻發，國家需要計劃治理，而治理水災，就必須要先瞭解水文歷史。很顯然，該書是爲了治理揚子江水患的需要而撰寫的，經世意圖非常明顯。再如陳寶泉作中國近代學制變遷史，其實是蘊含了作者教育救國的思想於其中的。在該書自序中，作者明確指出學制與人才問題關係到國家興亡的根本。他有感於當時各國教育制度的日新月異，而中國卻没有關於教育制度的專書作比較，致使切合國情的新的教育一時無由發現。他撰寫該書的目的，便是希望通過總結近代中國學制的變遷，找尋出一種更加適合當時中國需要的新的學制。

最後，歷史見解精辟獨到。如朱謙之扶桑國考證考證扶桑國爲何處，這是對當時世界史學界討論的一個熱點問題的積極回應。自從一七六一年法國人歧尼（De Guignes）發表中國人之美洲海岸航行及住居亞洲遠東之幾個民族的研究，提出扶桑爲美洲墨西哥說以來，引起了世界史學界的長期大討論，基本觀點無非有肯定與否定兩種，否定中又有扶桑國爲日本和樺太的不同說法。朱謙之依據文獻、民俗和考古資料，比較了世界史學界諸説的異同和存在的問題，得出了扶桑即美洲墨西哥的結論，不但駁斥了扶桑非美洲説的觀點，而且對美洲説也作了補充論證，更有説服力。又如魏應麒的中國史學史的問世，按照作者的説法，是「前無作者」的史著，卻表現得非常成熟。該書對中國史學的特質與價值、史籍的位置與類別、史館建置與職守、史學發展之情形、史書體裁之發展、史學理論與方法之運用等等，都提出了自己的見解，即使在今天，也不失爲有創見的反映中國史學史的著作。又如顧頡剛、楊尚奎的三皇考，這是民國考證派史學的代表作之一。在該書中，作者對「皇」、「三皇」、「太一」等相關概念作了係統闡釋，對三皇説與太一説的消長及其相互關係進行了論述，對與三皇相關的伏羲、盤古、女媧等古聖王的地位變化作了考察，對三皇、太 在道教中的地位作了説明，對歷史上關於三皇的信仰與祭祀情況作了梳理，并且旁及河圖洛書、三墳五典等内容。這樣一個係統的考察，旨在論證「三皇」傳説只是托古改制的產物，認爲民族自信力應該建立在理性上，而不是虛假的三皇上。書中闡發的觀點，在當時史學界有很大的影響。應該説所選十六部史著，都是作者的心得之作，這裏不一一贅言。

挖掘、清理和總結民國史學，對於我們全面認識和係統借鑒民國史學，推動新時期中國史學與史學思想的發展是很有裨益的。借此對主持重刊工作的山西人民出版社表達一個史學工作者的由衷敬意！

二〇一四年五月於北京師大京師園

注一　當代中國史學，遼寧教育出版社一九九八年版，第一百五十三頁

注二　史料論略及其他，遼寧教育出版社一九九七年版，第二百頁

注三　禹貢四卷十期，禹貢學會募集基金啓事

注四　陳智超陳垣來往書信集，上海古籍出版社一九九〇年版，第二百一十六頁

注五　國史大綱，商務印書館一九九四年版，第十一頁

注六　當代中國史學，遼寧教育出版社一九九八年版，第二頁

作者簡介

陳述（一九一一年—一九九二年），原名錫印，字玉書，中國著名的歷史學家、民族史學家和歷史教育家，一生致力于遼金史的研究，在遼金史學界是位里程碑式的人物，他的獨創性、開拓性研究，爲遼金史的研究獨闢蹊徑。自陳述先生起，學界開始按社會進化、民族融合的觀點，來研究契丹、女真社會的發生、發展，以及與其他民族的關係。

契丹史論證 初稿

目錄

頁數

第五篇　阿保機建國之基礎及其政策……九七

契丹史論證稿

陳述

第一篇　亞洲之游牧民族

一　游牧生活之輪廓

遼史有營衞志，爲廿五史中所獨有者，其總序云：「上古之世，草衣木食，巢居穴處，熙熙于于，不爭不求。」又云：「冀州以南，歷洪水之變，夏后氏始制城郭，其人士著而居，綏服之中，外奮武衞，內揆文教，守在四邊，營衞之設以備非常。幷營以北，勁風多寒，隨陽遷徙，歲無寧居，曠土萬里，寇賊姦宄，乘隙而作，營衞之設，以爲常然。」此謂定居民族與游牧民族營衞之異趣，實以兩種生活方式之不同。美人 J. Abbott 著 Chenghis khan 一書，其第一章論亞洲之游牧生活，列舉四種不同之生活方式，其言曰：「人類以幾種取得食物之方法而分爲種族，每種方法，以其特質自成爲其社會組織之特殊制度，此方法即其儀節風俗之源，以至其政府之特殊形式。簡言之，即生活之特型。其方法如下：

一　由自然狀態中獵取野獸。

二　由牧場中畜牧家畜。

三　由自然狀態中，採取天生的果實與蔬菜。

四　由於採取栽種之果實與蔬菜于耕種之田園。

由前二法，人取給於肉食。由後二法，則取給於蔬食。

自温帶以北至北極，人多肉食，猶天意也。蓋寒帶不生任何適於人類食用之蔬菜，惟有獸類之肉，可供食用。

自温帶以南至赤道，人多蔬食，亦猶自然之意志。蓋熱帶極少適於人類食用之獸類，而有果實及其他蔬菜可供食用耳。

依此地域出產之各異，形成民族組織之不同。草原民族之習慣，惟以肉食維持其健康與精力，若食以蔬菜，不久即憔悴枯瘦。反之，熱帶蔬食之人亦如此，蓋彼等以米麵包水菓爲食物，以維持其健康與氣力，若食以海象海豹白熊之肉，則必病無疑。

此謂兩極端之事，温帶則可以混合。

試想此不同區域中之各別情形，以爲制定其人肉食或蔬食之能力，此人類體質之判別，即以氣候季節之各異，是誠天工造物之絕巧也。

因地域出產之不同，而生人類肉食蔬食之分，故在北半球中，野蠻時代之人必爲獵夫，而其同時住近赤道者，必賴野生果實以爲食。更有進者，在此等區域之任何部落或民族，其漸進文化也，初必經由畜牧及豢養獸群之一途，另一方面，則由保存種子，並培植於私有之田園中。種植之事，爲熱帶半開化民族之情形，北溫帶與可能馴養獸群之寒帶，其半開化情形則爲畜牧。

此Abbott所論民族區分與社會之大別也。美人L. H. Morgan撰Ancient Society別人類社會曰野蠻（蒙昧），半開化（野蠻），文明三階段。其後接踵增補，有別爲「野蠻人」「半開化人」「文明人」「文化人」四段者。每段又分初、中、高、三層，條分類別，納於此格式之中，大略輪廓，有資解史者之助，然史事萬殊，正司馬子長所謂「未必盡同」也。

近世社會學者之說，社會進化，由游獵而漁魚而牧畜循序以進，即所謂游牧社會，漸漸進入農耕，農耕又可以進爲工商業，以地理氣候及人事各種條件不同之限制，進步有遲速之別。

Abbott之言：「遠古以來，亞洲大陸之中，已有漸進文明之民族與國家，但其進化甚淺，彼等生活非如北美之印第安人獵取野獸而由牧畜其已馴之獸羣，自然，此大地上之森林逐漸消滅，久爲大草原或碧綠之坡巒，在此等草原或河流沿岸，有不同種族之游牧小部或小國，飄泊其間，營帳以居，或爲猶能移動之簡易草屋，依水草之需要，驅其牧群於草原之間。」又云：「關於此種游牧生活之動靜與風習，及其家庭組織之發生，吾人得一極清楚之概念，即舊約中所記亞伯拉罕與羅得驅其牧羣於幼發拉底河與地中海間之事也。其居帳幕者，蓋便于遷徙，以追隨其牧群於各草原之間，此等牧群即其財富之全體，土地則隨處皆公有也。有時兩部牧至同一之肥美區域，設兩部長無和平之處理，因爭放牧之權，其牧者或從人，可由爭論而爲戰鬥。」

家長爲其統治者與立法者，諸子及婦女皆屬之，間於若干年出其財產中之物品，獻與上峯，並隨之驅逐牧群，由此而彼，亦僱用牧人及其他役人義從，因種種情形，成爲一大集團，遇有與其他部落敵對時，一族長即能由其家族範圍發動數百武裝之人。當夫如此一羣，由此之彼，彷如旅行大隊之前進，及其駐息，又確爲一小城也。此諸家族之領袖中偶一死亡，其集團之份子仍凝合不散，並許其最長之子繼承父位(?)以爲領袖。自然，此爲防禦之需要，如其他游牧集團侵據此區，則有斷續之危，且一強有力之部，若有賢明領袖統率，並將誘致其他弱小部落之附麗，或造爭鬥之口實，以致與兵勝之，此種情形乃必然之結果。於是以時間之演進，而有小國之形成，此小國仍需保持強盛，且能繼續其領導地位，以繼續其結合，不然則分化爲其原始之單位，另爲其他之結合，即強大部落統率弱小部落以爲強大，弱小部落亦藉依附以自存。

此論游牧生活之初始，亦即亞洲大陸初進文明之第一期也。

二 中原古史

中華古史如春秋命曆序所云：「天地初立，有天皇十二頭，淡泊無所施爲而俗自化，木德王，歲起攝提，兄弟十二人，各立一萬八千歲。地皇十一頭，火德王，一姓十一人，興於熊耳龍門，亦各一萬八千歲。人皇九頭，提雨蓋，乘雲車，使風雨，出暘谷，分九河。人皇出於提地之國，九男九兄弟相似，別長九頭，九百五十世，合四萬五千六百年。」（司馬貞補史記三皇本紀略同）此後人追論前史，或爲舊有之傳說也。劉恕通鑑外紀附註論人皇氏之九頭云：「依山川土地之勢，財度爲九洲，謂之九囿，各居其一，而爲之長。人皇居中州，以制八輔，駕六羽，乘雲車，使風雨，兄弟各三百歲，或云各一百歲，一百五十六代，合四萬五千六百年，謂之九頭紀。」又稱：「一云天皇地皇人皇，兄弟九人分掌天下。」是即楊朱所謂「三皇之事，若存若亡」者也。然以今日科學智識之所能解釋，此十二頭十一頭與九頭云者，與其擬曰十二代十一代，無寧擬爲十二首領十一首領與九首領，亦即十二部落十一部落與九部落。莊子胠篋篇所稱古之王者有十九氏之多，此十二、十一、十九之數，則相傳其本族或所知者，不謂亞洲大陸，僅此十二部落也。清劉獻庭廣陽雜記曰：「古之諸侯，今之土司也。後之儒者，以漢唐宋之眼目，看夏商周之人情，宜其言之愈多而愈不合。」此言實具通識。

孟子曰：「后稷教民稼穡」，舊以爲農業之開始。今日史家多謂神農爲代表初期農業之名，即農業之始。然農業初興之世，牧畜仍爲基本之生產，農業漸盛，牧畜亦未能盡廢。殷人游畋，雖爲習武，亦是農耕畜牧之世，猶存游獵之習，故神農以來，乃至殷商之世，黃河流域，固當有若干飄泊游牧之族也。舊傳「禹會諸侯於塗山，執玉帛者萬國，成湯受命，其存者三千餘國。」武王伐紂，諸侯會於孟津者千八百國，揆之當日實情，以地理知識交通工具等限制，其幅員之狹小可知，而有此千八百之數，則其爲小部酋長，又不待辨而知。黃河流域即冀州以南之華北平原，以土壤氣候之優良，與其他條件之迫促，唐堯虞舜以來，漸漸進入農業社會。若夫幷營以北即長城邊外，勁風多寒，故長滯於牧畜。營衛志行營序云：「長城以南，多雨（雨字依殿本補，百衲本原作疑字）多暑，其人稼耕以食，桑麻以衣，宮室以居，城郭以治。大漠之間，多寒多風，畜牧畋漁以食，皮毛以衣，轉徙隨時，車馬爲家，此天時地利所以限南北也。」顧此耕稼以食宮室以居之民，乃以天時地利諸事自畋漁進化而來，遠古之世固無南北之不同，夏商周之代興，儒家傳說，謂曰三代之盛，由今思之，亦可擬曰強弱族系之新舊更替也。晚近以來，因攷古學古文字學之發達，古史頗有新知，舊傳先後之世，或以區域之別，文野不同，非全繫於前後，此有待於專家之討論。唯是氣候溫潤之中原人民，既進爲耕植，生活優裕，漸習文弱，遂爲利用牛耕之民族；氣候寒冽之塞北，人民牧畜以食，生活艱窘，體力雄健，掠奪爲常，廣漠草原，遂成騎馬之民族。數千年來，活動於亞州大陸之主要角色，北為馬群與馬上之健兒，南則耕牛與馭牛之農夫而已。更有進者，同是北方之民，亦分南北，是即畜牧地帶之北，仍有射獵之民，同是南方之民，復有南北之別。南史顧協傳云：「張率嘗薦之（協）於帝（梁武帝），問協年，率言三十有五。帝曰：『北方高涼，四十強仕，南方卑濕，三十已衰，如協便為已老。』」體質既有不同，則文教隨之各異，此南北又分南北之說，舊日史家已有部分之記錄，未有以之總括釋史者。

民國十三年，美人 E. Huntington 來華演講，論中國歷史上之外患內亂，皆由中亞氣候之轉旱為原因，所撰 Civilization and Climate 亦如此主張，雖言之過甚，亦不無可取。

南北兩元，互爭雄長，勝敗起伏，鑄成國史上之政治興衰。既經融會混合，又每形成文化方面之異彩。

三　國史中之北系文明

史記匈奴傳有言：「唐虞以上，有山戎、獫狁、葷粥居於北蠻。」當是故舊相傳，不無由也。易既濟謂高宗伐鬼方，三年克之，可見其勢力之強大。太王居邠，狄人侵之，遂致去邠居岐，孟子嘗稱道之（莊子讓王篇史記周本紀亦曾載之）。關于上古之北族，王觀堂先生有鬼方昆夷獫狁攷論其事。戰國以來，北邊起築長城以為防禦，趙武靈王胡服騎射，秦滅六國，傾全力以築長城，所謂「萬里長城」者，尤為歷史上之偉績，皆防胡馬之南牧也。漢代爲國史中之強盛時期，而匈奴冒頓滅東胡破月氏，圍高帝於白登，漢家將帥，束手受制，終以「美人計」而得脫險，此固讀史者所習知也。單于遺漢之書云：「南有大漢，北有強胡，胡者天之驕子。」文帝時務在息民，匈奴遂益驕，其對漢使云：「漢使無多言，顧漢所輸匈奴繒絮米糵，令其量中，必善美而已矣。」（漢書九四上匈奴傳）審此語氣，可見當日南北對峙與彼此強弱之分判也。西通西域，爲斷匈奴之右臂；東滅朝鮮，爲斷匈奴之左臂。足徵匈奴與漢廷之大敵，亦即騎馬民族與農業國家之對立。所謂「匈奴者，引弓之國也；大漢者，冠帶之國也。」亦即謂此。匈奴衰息，鮮卑繼興，西晉之末，五胡亂華，蓋北族之交互起伏，相爲勝衰，中原正朔之朝廷，常藉此以獲休息，是謂外族盛衰之連環，影響於中原之治亂。歐陽修有言：「自古夷狄之於中國，有道未必服，無道未必不來，蓋自因其盛衰，雖常置之治外，而羈縻制馭恩威之際，不可失也。其得之未必爲利，失之有足爲患，可不慎哉！」（五代史記七二，四夷附錄）而以夷制夷，遂亦爲歷代防邊之善策也。

拓跋初以北族南下，君臨中原，是即國史中對劉宋蕭齊而稱之北朝。然當時東有高句麗，北有蠕蠕，蠕蠕之實力尤雄厚，交互牽制，神州藉以平安。此初君臨中原之拓跋，以其草原牧馬之民族，南入農耕地帶，因習俗之故，驅其馬羣以俱來，魏書宇文福傳稱：「太和十七年，車駕南討，假冠軍將軍後軍將軍，時仍遷洛，敕福檢行牧馬之所，福規石洛以西，河內以東，拒黃河南北千里爲牧地，事尋施行，今之馬廠是也，及從代移雜畜於牧所，福善於將養，并無損耗，高祖嘉之，……仍仰太僕典牧令。」（北史二十五福傳同）然此變農耕爲牧畜，爲一時之特殊現象，有違於經濟進化之程序，故南北羼合以後，終之同化於中原，失其馬上之雄武，併爲中原之人。

周齊之世，突厥興起，周書突厥傳云：「自俟斤以來，其國富強，有凌轢中夏志，朝廷旣與和親，歲給繒絮錦綵十萬段，突厥在京師者又待以優禮，衣錦食肉者常以千數。齊人懼其寇掠，亦傾府藏以給之。他鉢彌復驕傲，至乃率其徒屬曰：『但使我在南兩個兒孝順，何憂無物耶。』」（隋書八四突厥傳略同）至隋中原一統，不能殺突厥之勢。通典邊防典論云：「及隋末亂離，中國人歸之者甚衆，又更強盛，勢陵中夏，迎蕭皇后置於定襄，薛舉、竇建德、王世充、劉武周、梁師都、李軌、高開道之徒，雖僭尊號，俱北面稱臣。東自契丹，西盡吐谷渾高昌諸國皆臣之，控弦百萬，戎狄之盛，近代未有也。大唐起義太原，劉文靜聘其國，引以爲援。」舊唐書突厥傳上亦稱：「高祖起義太原，遣大將軍府司馬劉文靜聘於始畢，引以爲援。」是突厥之稱雄一時，儼然南北盟主，大唐初起，猶藉力於突厥也。新唐書四夷傳序云：「唐興，蠻夷更盛衰，嘗與中國抗衡者有四：突厥、吐蕃、回紇、雲南是也。凡突厥回紇吐蕃以盛衰先後爲次，東夷西域又次之，迹用兵之輕重也。」可知隋唐以來，始終有北敵問題，亦如漢之北有匈奴也。

四　北系中之契丹

契丹自後魏以來，夾於蠕蠕及高句麗之間，然其勢已足以稱。萬歲通天中，首領李盡忠，刼殺大唐官吏，自號「無上可汗」。武后先後詔曹仁師王孝傑等興兵二十萬擊之，契丹反更南侵，卒藉奚突厥之力其勢始殺。於是朝野相慶大難得脫，改元「神功」。迨至唐末五代，南取平灤，併有燕雲，君臨長城南北，可謂雄矣。趙宋以抗遼之兵力而建國，太宗親征幽州，大敗而還，不得不卑禮厚幣以言和。迨夫藉金滅遼，又以事遼者事金，及藉蒙古以亡金，國祚亦絕。朱明雄起，驅蒙古於漠北。滿清又以北族而亡明。縱觀往史，豈不以胡馬之強，實爲農耕國家之威脅。故讀史者，欲觀歷代之邊功，每視其馬政之良窳爲斷，有以也。

今論契丹往史，關於建國前後之情況，南北融合之舊跡，故通論北方民族以爲之引，用見契丹一族或大遼一代，承前啓後之重要關係焉。顧此皆已往之事，孝文南遷，拓跋同化於中原。契丹亦於南來之後，漸漸同化於漢人，久已無從辨認。女眞南來，亦復融化，故元時稱契丹女眞曰「漢人」。蓋北方部落之人，與中原接觸之後，漸漸在有意無意中對部族行分化作用，對中原行同化作用，終之棄其舊俗並爲中原之人，時一過往，泯然無痕跡可尋，此數千年史實所昭示者。方今全國一家，縱以地域氣候所限，容有生活方式之殊，而精神之凝聚無間，是又吾人所不可忽視者也。

第二篇　契丹民族之構成

一　緒言

契丹以草原游牧民族，雄起長城以北，南入幽薊，混合兩元文明，建國二百餘載。迨天祚播遷，大石又遠建西遼，播東方文明於西域，為蒙古西侵之先驅。今俄人仍呼中國曰 Китай, 謂中國人曰 Китаец,（男） Китаянка （女） Китаи 者，即契丹之譯音。Kytay, Cathay, Kitai, Khata, Hita 等用為中國之國名，與夫呼為赤塔 Кита 之地名，皆從契丹而起，論者謂哥倫布因尋契丹而發現新大陸，英俄之開始交通，亦以英人之訪尋契丹，是其在歷史上之重要，可以想見。契丹為中華民族之一支，故契丹威名之廣溢，亦吾中華民族之光榮。惟是契丹之族，久已同化不能辨認。由今言之，止可謂曰歷史上之民族矣。然其由來及發展之情形，史家則未有詳確之說明，諸史北狄傳，語焉不詳，遼史為契丹之專史，而缺漏歧互，益滋迷惑，今參比稽考，疏釋疑滯，以見其民族之構成。

二　契丹名號之初見

契丹之名，自元魏以前，已聞於中原，歷來論者，自歐陽修以下，多論始於元魏，蓋以魏收魏書，始有契丹專傳故。按魏書體例，四夷諸傳皆甚詳瞻，惟此最初之契丹傳，並未言契丹之先，由何而來，契丹名號，何時聞於中土，遂使契丹歷史，爲之縮減。實則聞於中原以前，必當先有此號，此號之前，必先有此集羣，而魏書爲之列傳，更爲較後之事。依次序說，邏輯上當是如此。猶之温公通鑑，契丹一詞，始見於晉安帝義熙元年，即元魏道武帝天賜二年（四〇五），前此雖未見，不謂契丹名號，即始於此也。爲袪歧說，故約略釋之。

甲　始於元魏說

後人論契丹始於元魏，或元魏時始名聞中原者，非始於魏收魏書。魏書契丹傳，僅載魏時之契丹狀況，並未言自魏始有契丹，後於魏書者，通典二百契丹傳云：

契丹之先，與庫莫奚異種同類，並爲慕容氏所破，俱竄於松漠之間。

其文全襲魏書。今攷通典庫莫奚傳：「庫莫奚聞於後魏及後周，其先東部宇文之別種也。」亦不言契丹之由來及名聞中原之始。

新唐書契丹傳云：

契丹本東胡種，其先爲匈奴所破，保鮮卑山。魏青龍中，部酋比能桀驁，爲幽州刺史王雄所殺，衆遂微，逃潢河之南，黃龍之北，得鮮卑故地，故以爲鮮卑之遺種。至元魏，自號曰契丹。

又歐五代史七二契丹附錄：

契丹自後魏以來，名見中國。或曰與庫莫奚同類異種，其居曰梟羅個沒里，是爲潢水之南，黃龍之北，得鮮卑故地，故又以爲鮮卑遺種。

此爲始著契丹之先及名聞中原之始者。新唐書爲歐陽修與宋祁合撰，列傳則出於宋手，五代史記則歐陽修自撰者，一則曰「至元魏自號曰契丹。」一則曰「契丹自後魏以來名見中國。」史愿亡遼錄與葉隆禮契丹國志二十三國土風俗皆因歐宋之說，謂至元魏自號曰契丹。

遼史世表序曰：

炎帝之裔曰葛烏菟者，世雄朔陲，後爲冒頓可汗所襲，保鮮卑山以居，號鮮卑氏。旣而慕容燕破之，析其部曰宇文曰庫莫奚曰契丹，契丹之名昉見於此。

又於表內元魏下云：

契丹國在庫莫奚東，異族同類，東部鮮卑之別支也。至是始自號契丹。

遼史於一篇之內，互存兩說，蓋皆採錄前史，未及考訂，亦倉卒纂成之故。後人研考此事者，日本白鳥庫吉有東胡民族考，友人方壯猷先生譯契丹民族考，馮家昇先生撰契丹名號考釋，皆以契丹之名昉見元魏。（馮文更論悉獨官侯豆歸等宇文酋名，爲契丹之對音，即契丹爲宇文部酋名之衍變。）

乙　諸可寶之推論及其駁議

有謂契丹之號不自元魏始者，爲諸可寶。諸氏錢塘人，淸光緒間提調江蘇書局事，曾於輯本字林考逸補附錄云：

契丹初爲漠北小國，蓋烏桓鮮卑所屬之部落也。……遼史世表慕容燕破鮮卑，析其部曰宇文曰庫莫奚曰契丹。疑契丹之名昉自東晉之初，不知後魏書固有明徵，宇文氏初亦名國，晉書載記崔毖因結高句驪及皆爲擊破，又謂其北周沙漠，東盡樂浪，西暨代山，南極冀方，則其兼併諸部小國，蓋可知也。後魏書傳，庫莫奚之先，東部宇文之別種也。初爲慕容元眞所破，遺落竄匿松漠之間。又契丹國在庫莫奚之東，異種同類俱竄於松漠之間云云。然則未破之先，固各自立國，又可知已。契丹之爲國名，必自漢以來即有之，第見於中原載籍則始魏書耳。呂君（即字林撰者）西晉人已錄其名，即可爲魏書之證。又案晉書武帝紀，自咸寧元年六書鮮卑力微、遣子來獻；二年七月，東夷十七國內附；……太康元年東夷十國歸化；七月東夷二十國朝獻；二年東夷五國內附；九月東夷二十九國歸化，獻其方物；七年八月東夷十一國內附。審此數十國之衆，度必有契丹在內。慕容起於平吳以前，破滅鮮卑氏適當過江之初，是契丹等國未竄松漠時固明明游牧一小邦也，惜史氏但書東夷之都數，而未詳記其主名，直至魏收撰史，始列專傳。

按諸氏主張契丹國名必自漢以來即有者，其理由爲（一）就宇文之疆域必曾兼倂諸小國。（二）契丹在庫莫奚東，異種同類，俱竄松漠，未竄之先，當各自立國。（三）西晉呂忱所撰字林，已有契丹之名。（四）晉時東夷朝貢者多國，度必有契丹在內。

契丹名號考釋，曾引諸氏之說而加以批評，其言曰：

（諸氏）此種論據，僅可視爲一種假說，……無非懸猜宇文氏未爲慕容晃所破，亦獨立國，載見魏書北史等書，何待諸氏刺刺不休？宇文氏雖自爲一國，亦能推斷契丹庫莫奚各自成國，氏引遼史世表特誤解耳。既以契丹自漢以來即有，當廣爲論證，今僅據晉武帝本紀某年東夷來朝，鮮卑內附，即以爲契丹在內，未免極鑿空之能事矣。第諸氏此說，基於字林，今再轉論字林。

馮文對於諸氏之推論，只承認爲一種假說，無徵不信。對於字林之有契丹亦不置信，因呂氏字林久佚，今僅見於廣韻所引有「契丹夷名」之文，故又對字林加以論辨云：

呂忱字林之後，有吳恭字林音義五卷，陸善經新字林五卷，傅璉字林十二卷，雲勝（宋初僧）字林十二卷，諸書漸有混雜，唐韻亦未明指何本……廣韻而果斷呂忱之字林，則宋人已謂其書駁雜不純，不復完璧矣……字林輾轉錯雜既非原書，故卷數相傳不一；羼亂雜入，誠爲可有之事矣。前乎廣韻之玉篇唐韻俱無契丹一詞，後乎廣韻之集韻類篇等書亦未收入，則廣韻所載，豈無疑問？

且崇文總目不見字林，說郛所存字林，亦無是名（契丹），足證廣韻所據字林，早有所竄改，而任大椿（輯本字林）復依廣韻之「契丹夷名」改作「契丹國名」也。審乎此，則諸氏之不審，蓋可瞭然矣。

馮文認爲諸氏之唯一根據，亦予以否認。惟文內所據之論證，亦不能充足的支持其說法，不能確定廣韻所引字林，必非呂忱之書，姑略舉其相反之理由：

一　字林縱有錯誤，不能謂字林所錄皆不可取。

二　玉篇唐韻集韻類篇未著契丹，不能定廣韻所引之字林必僞。

三　隋志兩唐志並著呂忱字林七卷（舊唐志七字誤十），且高麗史十宣宗八年（一〇九一、辛未、遼道宗大安七年、宋哲宗元祐六年。）六月李資諒等還自宋，宋帝囑傳寫善本諸書，即有呂忱字林七卷，似是宋時尚有呂忱字林流傳，縱許是非完善之本。

四　崇文總目中有遺漏不著之書。說郛爲節略之書，所錄多非完本，不得謂不見於說郛者即非原文。

今相反之理由雖如此，亦不能確定契丹一詞必是呂書所著，因字林在性質上即今之字彙字典詞典之類。既歷經傳鈔，增漏並有可能，故此事是一不易解決之問題，或不能解決之問題，除非發現有更有力之新史料。

丙　契丹之名當先於元魏建號

庫莫奚契丹未破之前，必各自爲國，已由（一）異種同類與（二）俱竄松漠之「俱」爲說明。謂爲東夷若干國之若干國中可有契丹爲合理之推測，因有契丹之名，固未必卽有著錄。契丹於此後未久，即已強大而專傳於魏書，設當時無此國或此部，何能突然出現與魏爲敵乎？

魏書契丹傳云：「登國中，國軍大破之。」庫莫奚傳云：「初爲慕容元眞所破，遺落者竄匿松漠之間；登國三年，太祖親自出討，至弱洛水南，大破之。」是在登國三年（三八九），已有與魏爲敵之程度，而登國爲拓跋珪建國之第一年號，當時既有如彼之聲勢，乃曰至元魏自號曰契丹，未免不愜於理。就另一面言，呂忱字林之著錄契丹，殆不足怪。總之，此事以史料之闕乏，未易遽爲論定，釐然愜於人心，無論如何主張，皆不過推測如此。與其以推斷之詞折諸氏之推理，無寧附存其說。

晉書載記二八慕容熙載記：

熙伐高句驪以苻氏從，爲衝車地道以攻遼東，熙曰：「待剗平寇城，朕當與后乘輦而入。」不聽將士先登，於是城內嚴備，攻之不能下，會大雷雨，士卒多死，引歸，熙與苻氏襲契丹，憚其衆，遂輕襲高句驪，周行三千餘里，士馬疲凍，死者屬路。

又載記二五馮跋載記：

庫莫奚虞出庫直率三千餘落，請交市，獻馬千匹……契丹庫莫奚降，署其大人爲歸善王。

魏書九七馮跋傳稱：「跋自立爲燕王，置百官，號年太平，於時永興元年也。跋撫契丹等諸落，頗來附之。」按慕容熙伐高句驪爲後燕五年，即晉義熙元年（乙巳、四〇五）。慕容熙與苻氏襲契丹，在登國三年之後十七年，曾憚其衆，是大破之後，餘衆猶有可觀，則其未破之前，聲勢自當更大，謂爲已有契丹名號，於理無迕。

金史六七奚回離保傳云：

奚與契丹俱起，在元魏時，號庫莫奚。

復於傳末贊曰：

庫莫奚契丹起於漢末，盛於隋唐之間，俱強爲鄰國，合併爲君臣，歷八百餘年，相爲終始。

遼金二史修於同時，其言或有所據。故諸氏之論列，雖未有何確證，吾人亦願存此說。

丁　契丹名號之異譯及釋義

文選三五册魏公九錫文有「鮮卑丁零，重譯而至，箄子白屋，請吏帥職。」之句，李注云：

張茂先博物志曰：「北方五狄：一曰匈奴，二曰穢貊，三曰密吉，四曰單于，五曰白屋。」然白屠今之秣羯也，箄于今之契丹也。本並以箄于爲單于，疑字誤也。箄音必計切。

據此，則契丹曾有箄于之號，然外此無徵，且韻駢文章，容有增減之字，可能是鮮卑。惟九錫文中箄于與鮮卑並列，又未可遽謂其爲鮮卑。「必計」切音近「契」，然則箄于之名，或未必爲契丹外之另一名號歟？（禮記王制：五方之民，北方曰狄下，李巡注五狄：爾雅云：一曰月氏、二曰穢貊、三曰匈奴、四曰單于、五曰白屋。段玉裁校本單于作箄于。）

元魏以下多用契丹之名，考通鑑釋文：「契丹音乞，夷狄國名。新唐書音欺訖切，又直音乞。」通鑑胡注云：「契丹，欺詰翻，程大昌曰：『契丹之契讀如喫。』」此契字之音讀。若輟耕錄作「吉答」，元秘史作「乞塔」、「乞答」，博明西齋偶得作「乞塔」，黑韃事略作「吸給」，是又譯字之歧，今合以求之，

箄　契　乞　吉　喫　吸　欺詰　欺訖　必計

其音讀皆甚近。然則契丹之「契」或與箄于之箄爲譯歧，亦未可知。惟是此等問題，須待於古音韻學者之考驗，再有史事之佐徵，始能論定，以今日而論此問題，似嫌爲時尙早。

周書文帝紀云：

有葛烏菟者……鮮卑衆慕之奉以爲主，遂總十二部落，世爲大人。其後曰普回，……號宇文國，並以爲氏焉。普回子莫那，自陰山南徙始居遼西，是曰獻侯，爲魏舅生之國，九世至侯豆歸，爲慕容

晃所滅。

北史九八匈奴宇文莫槐傳云：

惠帝三年，乞得龜屯保澆水，固壘不戰，遣其兄子悉跋堆襲廆子仁於柏林，仁逆擊悉跋堆，廆又攻乞得龜，克之，乞得龜單騎夜奔，悉虜其衆……部人逸豆歸殺乞得龜而立……建國八年，晃伐逸豆歸，逸豆歸拒之，爲晃所敗。

今檢照其事，北史之逸豆歸即周書之侯豆歸，而逸豆歸之前，先有乞得龜，晉書百八慕容廆載記云：

大興初，三國（高句驪、段、宇文）伐廆，……宇文悉獨官曰：「二國雖歸，吾當獨兼其國，何用八爲？」……悉獨官自恃其衆，不設備……遂大敗，悉獨官僅以身免。

又百二十三慕容垂載記：

（慕容）農西招庫傉官偉于上黨，東引乞特龜於東阿，各率衆數萬赴之。

魏書九五慕容永傳云：

垂進師入自木井關，攻永從子征東將軍小逸豆歸，鎮東將軍王次多於臺壁，永遣其從兄太尉大逸豆歸救次多等……

今參互審看，可知侯豆歸、乞得龜、乞特龜、逸豆歸、悉獨官當爲一語，然此等名字前後非一時，所指非一人，於是知此等名字當是乞得（逸豆）之歸（龜）。逸豆、乞得、悉獨等，設非尊號如呼韓邪之例，可能是契丹之別譯。因鮮卑或宇文部內本有契丹之族。或曰葛烏菟九世孫爲侯豆歸，則侯豆歸乃鮮卑之裔。曰，是不然，如（一）鮮卑或宇文之人，因監轄契丹可爲契丹之歸。又如（二）蒙古人名南家者，不謂即南家人也。

遼史世表因周書之文以著契丹先世云：

鮮卑葛烏菟之後曰普回，普回有子莫那，自陰山南徙始居遼西，九世爲慕容晃所滅，鮮卑衆散爲宇文氏、或爲庫莫奚、或爲契丹。

按此言九世爲慕容晃所滅，即指晃滅侯豆歸之事，而謂鮮卑衆散爲三支。此三支之分散，並非鮮卑種之餘裔，散而爲三，乃鮮卑部中本有隸屬之三族，（宇文，奚，契丹之人）當其勢盛皆服附爲其部屬，及其勢衰遂各分散獨立。隋書六一宇文述傳云：

宇文述，代郡武川人也，本姓破也頭，役屬鮮卑侯豆歸，從其主爲宇文氏。

新唐書七一宰相世系表云：

又有費也頭氏，臣屬鮮卑佚豆歸，後從其主亦稱宇文氏。

是此費也頭（破也頭）者，曾臣屬於隸附鮮卑之佚豆歸（侯豆歸），迨宇文強盛，隨其主侯豆歸附隸宇文，宇文又爲俟豆歸之主，因亦棄其破也頭而姓宇文。就賓也頭之例，可知俟豆歸之既系鮮卑又系宇文，兩者並非矛盾乃正相合。因佚豆（悉獨，俟豆）之人，先隸鮮卑，後隸宇文，鮮卑宇文並曾爲契丹之主，故得冠以鮮卑或宇文，然因此即謂其種族爲鮮卑爲宇文則有未愜。或以宇文酋名衍變爲契丹者，或偶疏於此，故佚豆若非尊號，似當先有契丹名其族，復以族名呼其酋。

遼史營衛志著契丹古八部之第一部曰「悉萬丹部」，此悉萬丹部並見於魏書紀傳，就語音與事實診之，當是契丹一名之別譯，雖偶有與契丹並舉之例，似亦可以合體與獨自之部爲解說。

遼史太祖紀贊曰：「遼之先……世爲審吉國。」又部族志稱國舅族帳曰「二審密」，審密審吉之名，於史無徵，或有傳說訛舛，頗疑「審吉」爲「𩍐鞨」「勿吉」之異譯，審吉爲審吉之形誤。若然，即果謂遼之先爲𩍐鞨，亦是中原人猜測之言。

右論與契丹近似之名，箄于、逸豆及悉萬丹，尤以悉萬丹爲較近。

契丹一名之漢義，舊日未有解說，金太祖實錄記金太祖之言曰：「遼以鑌鐵爲號。」後漸演爲遼金元三朝國號之對比，即金對鐵銀對金。馮論辨析鑌鐵非謂遼而指契丹，所論甚是。蓋所謂國號者，在女眞人之心目或口頭間當非指遼而指契丹，參以白鳥庫吉所論契丹爲刀劍切斷之義，益覺有據。至於改遼之故，屬於政策方面，後詳。

三 諸史所記之契丹種族

關於契丹種族，就以上所論已略知其所以稱爲鮮卑或宇文，今再循其史源條爲四類，辨析於後：

一 甲說

魏書 卷百 契丹傳：「契丹國在庫莫奚東，異種同類，並爲慕容晃所破（魏書無以上七字，茲據北史補）俱竄於松漠之間。」按同書庫莫奚傳：「庫莫奚國之先，東部宇文之別種也，初爲慕容元眞所破，竄於松漠之間。」契丹與奚異種同類，是契丹亦與東部宇文有關，或即東部宇文之別種，然究爲何等關係則未明著。通典同於此說。

二 乙說

新唐書 二百十九 契丹傳：「契丹本東胡種，其先爲匈奴所破，保鮮卑山，魏青龍中，部酋比能桀驁，爲幽州刺史王雄所殺，衆遂微，逃潢水之南，黃龍之北，得鮮卑故地，故以爲鮮卑之遺種。」是新唐認契丹爲東胡，謂爲鮮卑遺種者，以逃於鮮卑之地，然鮮卑與東胡爲何等關係，則未著明。

歐五代史 七二 契丹附錄：「契丹自後魏以來，名見中國，或曰與庫莫奚同類異種……得鮮卑故地，故又以爲鮮卑遺種。」此論亦略同前文，未有新義，從此說者，有史氏亡遼錄、葉氏契丹國志、程氏北邊備對等。遼史世表曰：「考之宇文周之書，遼本炎帝之後，而耶律儼稱遼爲軒轅後，儼志晚出，曷從周書。」此元人不取之儼志，即耶律儼實錄。儼稱遼爲軒轅後者，乃採魏書之言：「魏之先出自黃帝子昌意，昌意少子受封北國有大鮮卑山，因以爲號。」故謂曰軒轅後者，即謂遼爲鮮卑也。（趙一清三國志注補曰：「軻比能之後，即契丹也。」梁章鉅三國志旁證同。）

三　丙說

遼史六三世表云：「炎帝之裔曰葛烏菟，世雄朔陲，後爲冒頓可汗所襲，保鮮卑山以居，號鮮卑氏，旣而慕容燕破之，析其部曰宇文曰庫莫奚曰契丹，契丹之名昉見於此。……魏青龍中，部長比能……晉時鮮卑葛烏菟之後曰普回，有子莫那，自陰山南徙，始居遼西，九世爲慕容晃所滅，鮮卑衆散爲宇文氏、或爲庫莫奚、或爲契丹。元魏時契丹國在庫莫奚東，異族同類，東部鮮卑之別支也，至是始自號契丹。」

按此說實爲前兩說之綜合。保鮮卑山號鮮卑氏，其衆散爲宇文、奚、契丹三支，即三者並出於鮮卑，然是否鮮卑之裔則未詳。丁謙魏書外國傳考證，庫莫奚傳考曰：「奚與契丹同出於漢鮮卑部衆奇首可汗之後。」又宇文莫槐傳考曰：「宇文氏與奚契丹同爲鮮卑種，魏書庫莫奚傳：『其先東部宇文別種也，」又十六國春秋：「宇文氏遼東鮮卑別部。」皆可証。傳謂匈奴南單于遠裔（魏書本作遠屬此作遠裔未合）蓋匈奴鮮卑，族類迥別，不容牽混也。」丁氏謂鮮卑與匈奴異，而契丹爲鮮卑。攷後漢書鮮卑傳：「和帝永元中，大將軍竇憲，遣右校尉耿夔擊破匈奴，北單于逃走，鮮卑因轉徙其地，匈奴餘種留者千餘萬落，皆自號鮮卑，鮮卑由此漸盛。」是鮮卑氏內舊曾羼有匈奴一支也。

四　丁說

輯本薛史（百三七）契丹傳：「契丹者，匈奴之種也。」又奚傳：「奚國匈奴之種也。」册府元龜，宋會要蕃夷，路振九國志皆同此說。

今約前四說，論其原委，甲說只謂契丹與奚異種同類，而奚又爲宇文之別種，故令人不能不尋究宇文。考魏書官氏志：「東方宇文慕容氏，卽宣帝時東部，此二部最爲強盛，別自有傳。」而官氏志列載後魏皇族以下凡百二十姓，東方惟宇文慕容，不得契丹庫莫奚。魏書（九五）慕容廆傳云：

平文之末，廆復侵東部。

又通鑑胡注云：

慕容之始，出自鮮卑中部。

是則官氏志所稱之東部或脫中部，而確屬東部者則僅宇文，魏書宇文莫槐傳今闕，（今本魏書莫槐傳，係以北史補入。）北史宇文莫槐傳，則冠以「匈奴」二字，直稱「匈奴宇文莫槐傳，」，並云：「其先南單于之遠屬也，世爲東部大人。」此即丁說之所由出，亦爲時較早之史料。然宇文別種，似不能肯定其同於宇文，契丹與奚，異種同類，是契丹與宇文之種屬關係，可以同，亦可以異。

東胡之名，見於史記匈奴傳，索隱引服虔注：「東胡，烏桓之先，後爲鮮卑，在匈奴東，故曰東胡。東胡後爲鮮卑，即乙丙兩說之由來也。或謂契丹之先爲宇文氏，似嫌結論倉卒。

今欲詳究此事，仍不能不求之魏書，然就魏書之文，則有下列問題：

（一）異種同類之「種」「類」與「部別」問題。若就今日之解說，種類當未可混，種謂種族，類者則謂夷類，即未甚文明之人類。惟魏收撰書，是否如今日之定義，抑含混言之，或竟種之範圍大，類之範圍小，則未敢定。別部者，果是他族之附隸，抑爲同族之分支，仍待旁考。

（二）契丹與奚，是否同族，即奚爲東胡，契丹則必爲東胡。抑或奚爲東胡，契丹亦不必爲東胡。亦未可遽爲論定。

（三）宇文爲匈奴（或東胡），契丹是否出自宇文，即匈奴（或東胡）之裔，或不出自宇文而亦爲匈奴之裔。

（四）東胡之後爲鮮卑，契丹是否鮮卑之裔，或不爲鮮卑之裔亦爲東胡。

凡此諸點，在魏書北史皆不能求得完滿解答。檢東胡之名，本爲在匈奴東之胡，中原所稱之名號，似是共名，而匈奴自稱曰「胡」。所謂匈奴東之胡，果爲匈奴以外之族而居於匈奴之東，抑匈奴同種之居於東者，亦是待考索之事。後漢書烏桓傳云：「烏桓者，本東胡也。漢初匈奴冒頓滅其國，餘黨保烏桓山，因以爲號焉。」（白鳥庫吉東胡民族考謂烏桓爲聰明之意）是烏桓可謂曰東胡，東胡則不僅烏桓。特烏桓盛時，遂以烏桓之名見矣。魏書官氏志有烏桓氏稱桓氏。是烏桓曾爲拓跋之部。烏桓鮮卑皆東胡之屬，宇文、奚、契丹又皆曾隸於鮮卑，而奚契丹又皆曾隸於宇文，皆以一部盛強，遂以一部之名統包各族矣。故當契丹強大，此諸系之後裔，卽皆隸於契丹，如烏桓後裔，入金隸於完顏，爲烏延氏，亦作兀顏，載於金史百官志，白號之姓，封隴西郡，次第二，族人頗有武功，所謂金源氏族也。實此金源烏延氏卽東胡烏桓，當金世祖之前，此部卽隸屬於契丹，見於遼史太祖紀及部族表。所謂屬部，未必一系相傳，如愛新之非完顏，而皆女眞（肅愼）則無疑。故契丹、奚、宇文等皆東胡，而此東胡又爲極近於匈奴者也（東胡語言無傳於後世者，然鮮卑烏桓托跋等語言則皆含多量之蒙古語，與匈奴同。）請就另一面言之。

四　契丹爲屢經混合之種族

魏書契丹傳云：

獻文時，使莫弗紇何辰來獻，得班饗於諸國之末，歸而相謂言國家之美，心皆忻慕，於是東北群狄聞之，莫不思服。悉萬丹部、何大何部、伏弗郁部、羽陵部、日連部、匹絜部、黎部、吐六于部等，各以其名馬獻天府，遂求爲常，皆得交市於和龍密雲之間，貢獻不絕。（北史九四契丹傳同）

按悉萬丹等八部，即所謂「東北羣狄」。檢同書勿吉國傳云：「其傍有大莫盧國，覆鍾國，莫多回國，庫婁國，素和國，具弗伏國，匹黎爾國，拔大何國，郁羽陵國，庫伏眞國，魯婁國，羽眞侯國，前後各遣使朝獻。」試兩相參校，可知其頗有同名異譯者：

勿吉傳	契丹傳
具弗伏國	伏弗郁部
郁羽陵國	羽陵部
匹黎爾國	黎部
拔大何國	何大何部

此何大何、伏弗羽、羽陵等部，亦即遼史營衛志所謂古八部中之部名。然古八部之第一部曰「悉萬丹」，按契丹之「契」，既可讀爲「欺詰」「欺訖」「乞」……自亦可以讀如「悉」，故契丹之名當是「悉

萬丹」之歧譯（縱非歧譯，亦必有緊密關聯），原爲東北羣狄之一，以小名而作大名，即以一部之名概群狄。至於何大何等，雖與悉萬丹契丹鄰接，或以部小勢弱而服附於契丹，其非契丹分支則甚顯確。故此以小名爲大名之事，可謂曰小名之擴充，即以其名號總括本部及其鄰部，亦可謂此小名已變質，即此名不僅代表其本部，更包括其鄰部在內。舊傳奇首可汗生八子，其後族屬漸盛分爲八部者，自是較後經過綜合工作之說法，未能脗合於實際。

古八部之八部，未必與契丹爲同種（即一父之八子），特鄰近之諸部族，東北羣狄之小名，後皆不復見於史，殆總括於契丹一名之內，亦即契丹之族已包東北諸部，何大何部等初爲東北羣狄，漸後混一，遂爲構成契丹之一份子。是則古八部者，固非契丹一系也。

茲表其八部如次

附一　契丹八部部名表

源據	部名								
魏書契丹傳	悉萬丹	何大何部	伏弗羽部	羽陵部	日連部	匹絜部	黎部	吐六于部	古八部
遼史營衛志	悉萬丹部	何大何部	伏弗羽部	羽陵部	日連部	匹絜部	黎部	吐六于部	

出處								
册府元龜	達稽部	祈紇便部	獨活部	芬問部	突便部	芮奚部	逐斤部	伏部
新唐書契丹傳		紇便部			突便部		墜斤部	
新唐書地理志		乙矢革部 析紇便部 乙室活部				芮奚部 內稽部		
遼史世表						芮奚部		
遼史地理志				芬阿部		芮奚部		
漢高祖實錄	利皆邸	乙室活邸	實活邸	納尾邸	頻沒邸	內會雞邸	集結邸	奚盟邸
歐陽五代史	但利皆部	乙室活部	突活部	納尾部	頻沒部	內會雞部	集解部	奚嗢部
東都事略	但利皆部				瀕沒部			
遼史部族志					瀕沒部	納會雞部		
契丹國志		乙室活部			頻沒部	內會雞部	集解部	奚嗢部
遼志	祖皆利部	乙室語部			顛沒部	內命雞部	集解部	
通攷					頻沒部			

大賀八部（册府元龜至遼史地理志）　遙輦八（漢高祖實錄至通攷）

遼史地理志	備註
旦利皆部	新唐一百十一舊唐百四二王武俊傳并稱武俊系出契丹怒皆部
乙室活部	舊書（三九）地理志代州貞觀十九年於營州界內，置處契丹乙室革部落隸營州都督
	遼史地理志高唐州信州二地萬歲通天元年以契丹室活部置（舊唐三九地理志信州條同）
頻沒部	
	舊唐（三九）地理志威州所領戶契丹內稽部落
集解部	
部	

悉萬丹當即契丹，何大何部當是達稽部亦即大賀氏，詳第三篇。

遼史營衛志上載遙輦阻午可汗二十部：

耶律七部

審密五部

八部

涅里相阻午可汗，分三耶律爲七，二審密爲五，并前八部爲二十部。三耶律：一曰大賀，二曰遙輦，三曰世里，即皇族也。二審密：一曰乙室已，二曰拔里，即國舅也。

此言二審密即國舅者，果何族也？

遼史太宗紀云：

天顯十年夏四月丙戌，皇太后父族，及母前夫之族，二帳，並爲國舅。

（聖宗紀開泰三年六月乙亥，合拔里乙室二國舅爲一帳，以乙室夷離菫蕭敵烈爲詳穩）

遼史后妃傳云：

太祖淳欽皇后述律氏，諱平，小字月里朶，其先回鶻人糯思生魏寧舍利，魏寧生愼思梅里，愼思生婆姑梅里，婆姑娶勻德恝王女，生后於契丹右大部，婆姑名月椀，仕遙輦氏爲阿札割只。

述律氏後稱蕭姓，世與耶律連姻，握政柄，所謂「皇家」與「后家」也。一朝統治人物，蕭氏居半，究其先世則有源於回鶻者，此亦契丹史上一要事而爲歷來未甚注意者也。

金史六七回離保傳云：

奚有五世族，世與遼人爲婚，附姓述律氏中。

奚人五族，即遼史部族志所記之遙里、伯德、奧里、梅只、揣等五氏，見回離保傳贊。此五族之名，散見各史者不一致，茲表列於左：

源據	部				名	備註
北史四九奚傳	辱紇玉	莫賀弗	契箇	本昆	室得	又云有阿會氏及部中最盛諸部皆歸之。
隋書八四奚傳	仝				右	按玉爲主之訛亦稱有阿會氏五部中爲盛皆歸之。
通典	仝				右	
册府元龜	仝				右	
歐五代史七四奚明錄	阿會部	啜米部	奧質部	奴皆部	黑訖支部	
新唐書奚傳	阿會部	處和部	奧夫部	度稽部	元族折部	
五代會要	阿會部	啜米部	奧質部	奴皆部	黑訖支部	
遼史三三族部志	遙里部	伯德部	奧里部	梅只部	楚里部	楚里金史七二麻吉傳作楚里迪部。
遼史六四百官志	遙里部	伯德部	墮瑰部	楚里部	奧里部	按奧里當次第三楚里次第五墮瑰即當梅只。
金史回離保傳	遙里部	伯德部	奧里氏	梅知氏	揣氏	按揣即楚里之急讀。

遙里氏即越里部，亦作瑤里，姚里，蓋「遙」音可兩讀，如音樂 yin-yo 亦讀 yin-ye 日曜 Rh-ye 亦讀 Rh-yo 之例。金史九四有遙里孛迭傳。又金季契丹人耶律留哥謀起事，立妻遙里氏爲妃。留哥事，並見元史百四九及蒙兀兒史記三一，可見契丹人與奚人通婚之悠久也。

奚人見於遼史列傳者，如和朔奴（卷八五）蕭蒲奴（八七）拔剌（八八）蕭韓家奴蕭德蕭惟信（九六）回離保等，頗有功業稱於時。既已世相連姻，則血統無可分辨。今讀遼史部族志求其部族分合，知其久經混淆，如太祖二十部內者：

突呂不室韋部　本名大小二黃室韋戶。

湼剌拏古部　與突呂不室韋同。

迭剌迭達部　本鮮質可汗所俘奚七百戶。

乙室奧隗部　神冊六年太祖以所俘奚戶置。

楮特奧隗部　太祖以俘戶置。

品達魯虢部　太祖以所俘達魯虢部置。

烏古湼剌部　太祖取於骨里戶六千神冊六年析爲烏古湼剌及圖魯二部。

圖魯部

凡此諸部之人，既已並爲契丹，積久自無可區辨，前後若干年中，其異族之混入，亦猶今日契丹人之混入漢族者矣。

遼史太宗紀：

會同二年十二月，詔契丹授漢官者，聽與漢人通婚姻。

是則當日契丹與漢人之間，亦已開始婚媾融合。聖宗紀：

太平八年詔橫帳三房，不得與卑小族帳爲婚，凡嫁娶，必奏而後行。

橫帳三房爲遼之貴族，卑小族帳，當即指涅剌挐古之類，聖宗既頒詔禁止，可證先有其事。是皆當日民族混合之事例也。

五 結語

金史論契丹起自漢末，清人有論自漢以來即以契丹名國者，其論雖不迕於理，然未有確證。鮮卑宇文之屬下幷有契丹之族，佚豆悉獨疑是契丹之別譯，契丹古八部中之悉萬丹，當於契丹爲同名。契丹之族亦是東北群狄之合體，而非一系之繁衍，故其附近之小族自當如細流之歸於大河，中原無分辨之知識，遂混稱曰契丹，猶之中世西方衆國稱中國統曰契丹，殆包漢滿等族而言，不知契丹乃中國民族中之一支，同是以小名用爲大名也。古八部非必一族，古八部之後，他族混入者，如審密五部，奚人五部，其數量亦足驚人。再有于厥里達魯號等部之混入，則契丹民族之構成，不得謂爲奇首一系矣。

第三篇　初興傳說之新解與大賀遙輦迭剌之由來

一　引言

契丹至阿保機而更大，不僅爲朔漠主人，儼然一朝之太祖。太宗繼之，益宏其業。在此期間，不論政治文化各方面，皆有顯著之變動，爲契丹史上留一界劃，而此變動以後之契丹，對於中原歷史，又有更大之影響，故舊日言遼史者多始阿保機，前此則不詳，今特就其初興與阿保機以前之諸汗論之，遼史太祖紀贊曰：「遼之先，出自炎帝，世爲審吉國，其可知者蓋自奇首云。」故本篇始以奇首，殿以欽德，而迭剌部之由來與阿保機之祖先，亦並論之。

二　始祖奇首及其八子說

遼史營衛志於古八部後云：

契丹之先曰奇首可汗，生八子，其後族屬漸盛，分爲八部，居松漠（漠原誤作漢）之間。今永州木葉山，有契丹始祖廟，奇首可汗可敦幷八子像在焉。潢河之西，土河之北，奇首可汗故壤也。

又地理志云：

永州有木葉山，上建契丹始祖廟，奇首可汗在南廟，可敦在北廟，繪塑二聖幷八子神像。相傳有神人乘白馬，自馬盂山浮土河而東，有天女駕青牛車，由平地松林泛潢河而下，至木葉山，二水合流，相遇爲配偶，生八子，其後族屬漸盛，分爲八部，每行軍及春秋時祭，必用白馬青牛，示不忘本云。

今檢此傳說，又別見於契丹國志初興本末條，且著八部之名，即遙輦八部。攷此三段記載，實出一源，而此源止是一段神話，又不待辨。特此段神話，關涉契丹之祖先傳說，不能略而無論。古八部者，並非八子之分支，前篇已言。且此八部之數又非完整符合，最古之東北羣狄其數非八，其後大賀爲十部，遙輦亦十部，則契丹國志所列之八部，顯非全體。惟是東北諸族，多言八部之數目，如室韋八部敵烈八部婆里八部，並見於遼史。鮮卑有八國（八公），以至滿淸有八旗之例，八國與八旗，其數目固能相合，室韋敵烈婆里之分部，則不盡然。疑八子之傳說，爲東北各族之舊說，因古昔舊事，口口相傳，其不能全如實際，可以想見。在此漫漫時期中，民族亦由分而合，迨史家爲之綜合組織，或竟略其前事，擬爲八子云。此「八」之數目，在東北諸族中，似別有其傳統之信仰，原其初起，雖未必源於中原之八卦，而東南西北合四隅爲八方之觀念當已產生，殆即包有全面之意，「八」之數目，或緣此而見稱說。

青牛白馬，祭天常用之。祭天本其原始之薩滿教，而青牛白馬，亦當因天而見尊。天色青蒼，故在流行薩滿教之草原民族間，多以青蒼黑爲高貴之色。突厥曰闊克突厥，見闕特勤碑。蒙古曰庫克蒙古，見蒙古源流。闊克，庫克，漢語青也。青爲天色，故神聖可貴。元秘史記蒙古祖先之神話，有一個蒼色的狼與一個慘白色的鹿相配。青牛白馬，猶之蒼狼白鹿，同爲圖騰，惟一則曰狼鹿相配，一則託之乘駕之神，此託之於神而不直言牛馬，當以契丹漢化較深，避其言之醜故文之耳。

遼史太祖淳欽皇后傳云：

嘗至遼土二河之會，有女子乘青牛車，倉卒避路，忽不見，未幾，童謠曰：「青牛嫗，曾避路。」蓋諺謂地祇爲青牛嫗。太祖即位（天皇帝），羣臣上尊號曰地皇后。

按此諺謂地祇爲青牛嫗之事，亦可有助於神人天女之說明，蓋仰則有天，俯則有地，故以天地喩男女，青牛嫗即天女，取象地祇，白馬神遂取象天神。

遼史聖宗紀：

統和十六年五月甲子，祭白馬神，丁卯祠木葉山，告來歲南伐。

此白馬神與青牛嫗當即代表天神或天地，（天地之分，似是後起之觀念。）而敬天以求福佑，自是初民之常。神而化之，遂舉始祖比附於天神，而族人皆天神所出。推而演之，青蒼之色亦最尊。故有「黑契丹」之號，（見於拉施特集史、高麗史等），且五院糺用青幟，遺糺仍稱曰「黑軍」（別詳哈喇契丹說），皆足爲此種觀念之說明。至於始祖奇首之事實，又果何如？

宋范鎮東齋紀事五云：

契丹之先，有一男子乘白馬，一女子駕灰牛，相遇遼上，遂爲夫婦，生八男子，則前史所謂迭爲君長者也。此事得於趙志忠，志忠嘗爲契丹史臣，必其眞也。前史雖載八男子而不及灰牛白馬事。契丹祀天，至今用灰牛，予嘗書其事於實錄契丹傳。王禹玉恐其非實，删去之。予在陳州時，志忠知扶溝縣，嘗以書問其八男子迭相君長時爲中原何代，志忠亦不能答，而云：「略是秦漢時。」恐非也。（宋江少虞皇朝類苑七八引并同。）

宋朝所傳之契丹史事，得於趙志忠者甚多。所謂奇首八男，本是經過綜合工作以後之說法，只能認爲是奇首之八部，而此八部果曾維持若干時間，亦無由知，且志忠之言，亦不過是一種傳說或猜度之詞。自然，亦不失爲一消息。營衛志部族上云：

奇首八部，爲高麗蠕蠕所侵，僅以萬口附於元魏，生聚未幾，北齊見侵。

高句麗蠕蠕盛於元魏之初，奇首遺落曾見侵於其時。故奇首當在此時之前可以推知，參以趙志忠之猜度，要可爲時間上之大概界限。太祖紀贊云：

奇首生都菴山，徙潢河之濱。

又營衛志所言：「潢河之西，土河之北。」則不失爲地域上之大概界限。今就此一定之時間一定之地域，則契丹民族初興之消息，可以少窺梗概。

三　舊傳三汗神話之新解

契丹國志記契丹先世之傳說，有能治國之三主，其言曰：

有一主號曰迺呵，此主特一骷髏，在穹廬中，覆之一氈，人不復見，國有大事，則殺白馬灰牛以祭，始變人形，出視事，已，即入穹廬，復爲骷髏，因人竊視之，失其所在。復有一主，號曰喎呵，戴野豬頭，披野豬皮，居穹廬中，有事則出，退復隱入穹廬如故，後因其妻竊其豬皮，遂失其夫，莫知所入。復有一主，號曰晝里昏呵，唯養羊二十口，日食十九，留其一焉，次日復有二十口，日日如之。是三主者，皆有能治國之名，餘無足稱焉。

並爲之論曰：

異矣哉！氈中枯骨，化形治事，當其隱入穹廬之時，不知其誰爲之主也，誰爲之副貳也，荒唐怪誕，譌以傳譌，遂爲口實，其詳亦不可得而詰也。

關於此段神話性質之記載，歷來史家視爲荒謬不經，明楊維楨正統論斥曰：「中國之人所不道。」故亦未屑與以考釋。清乾隆四十六年十月，內閣奉上諭：「四庫全書館進呈書內，有契丹國志，其志中事蹟如祭用灰牛白馬，氈中枯骨，化形視事，及戴野豬頭，披野豬皮之類，雖迹涉荒誕，然與詩書所載，簡狄吞卵，姜嫄履武，復何以異。蓋古神道設教，以溯發祥，義正如此，又何信遠而疑近乎？」楊維楨以正統觀念，屏棄其事不肯言，乾隆以滿清祖護北族之觀念，比爲神道設教，兩者出發雖不同，並於釋史無所補，今細繹契丹舊俗，則覺其怪誕部分，似非全屬怪誕，乃是傳說有因，試就其因求之，或有助於史事之通解，姑疏釋其概如次。

（一）迺呵

枯骨化形，自是烏有之事，無怪葉氏異之，然詳細推繹，則知傳說之起，似源陵寢之制，茲論陵寢之實際，則此事可以明白。

遼史禮志爇節云：

皇帝即位，凡征伐叛國，俘掠人民，或臣下進獻人口，或犯罪沒官戶，皇帝親覽閒田，建州縣以居之，設官治其事，及帝崩，所置人戶府庫錢粟，穹廬中置小氈殿，帝及后皆鑄金像納焉，節辰忌日朔望，皆致祭於穹廬之前。又築土爲臺，高丈餘，置大盤於上，祭酒食撒於其中，國俗謂之爇節。

按：爇節，實僅後半段所記之事，即築土爲臺以下。其以上之記載，無非爲說明於何種情形築此臺，或受祭者爲誰何。熱節之事，契丹國志廿三建官制度條記之，謂曰「燒飯」，國志之文，殆由李燾長編迻錄而來。長編仁宗天聖九年六月於契丹主隆緒末後附載云：

每其主立，聚所掠人戶，馬牛金帛，及其下所獻生口，或犯罪沒入者，別爲行宮領之，建州縣，置官屬，旣死，則設大穹廬，鑄金爲像，朔望節辰忌日並致祭，築臺高逾丈，以盆焚酒食，謂之燒飯。

今兩相勘校，遼史禮志所稱，似卽源於國志，國志卽源於長編。據長編考異，知此事並見於正史契丹傳及實錄，皆稱「燒飯」。葉子奇草木子云：「元朝人死致祭曰『燒飯』。」蓋『燒飯』爲通俗說法。熱節者，撰史時所易之雅詞也。皇帝親覽閒田以建州縣者，爲頭下之事，無關本題主旨，別詳拙撰頭下考。（見中央研究院歷史語言研究所集刊第八本第三分）小氈殿卽陵寢之事，今試推求陵寢之實，以明枯骨化形之事。遼史營衞志宮衞云：

遼國之法，天子踐位，置宮衞，分州縣，析部族，設官府，籍戶口，備兵馬。崩則扈從后妃宮帳，以奉陵寢。

按此雖言奉陵寢，但未詳陵寢之事，攷歐五代史七二契丹附錄於契丹破晉之後有云：

其母述律，遣人賫書及阿保機明殿書賜德光，明殿若中國陵寢下宮之制，其國君死，葬，則於其墓側起屋，謂之明殿。置官屬職司，歲時奉表，起居如事生，置明殿學士一人，掌答書詔，每國有大慶弔，學士以先君之命，爲書以賜國君，其書常曰「報兒皇帝」云。

歐陽所記之明殿，即長編所云大穹廬及小氈殿金像事。明殿爲阿保機陵寢之專名，非陵寢皆稱曰明殿；歐陽所記明殿之事，則諸陵寢之通制，非阿保機所獨也。

遼史太宗紀：

天顯五年五月丁巳，拜太祖御容於明殿。

此明殿爲太祖陵寢，有太祖御容殿，故太宗拜之。聖宗紀：

統和元年二月甲午，葬景宗皇帝於乾陵，丙申皇太后詣陵置奠，命繪近臣於御容殿，乙巳，以御容殿爲玉殿。

道宗紀云：

清寧三年十月辛酉，奠酎於玉殿。

此玉殿爲景宗陵寢，同於太祖之明殿（其他金殿鳳凰殿等不備舉），幷爲陵寢之專名。遼史七四韓知古附匡嗣傳：

（匡嗣）以善醫直長樂宮，皇后視之猶子，應曆十年，爲太祖廟詳穩。

拓本耶律弘益妻墓誌題云：

故宋國大王孫前六殿詳穩太和宮副使耶律弘益妻蕭氏墓誌銘。

此太祖廟詳穩，與六殿詳穩，似不能以之當於歐陽所謂學士。詳穩職掌，當是管勒屬下之人戶，聖宗紀稱：「統和元年四月辛酉，謁三陵，以東京所進物分賜陵寢官。」又耶律章奴傳記其「西至慶州，復祭諸廟，仍述所以起兵之意，移檄州縣諸陵官僚士卒稍稍屬心。」可見所謂陵寢官者，通遼一代被重視，在契丹社會中，亦自有其地位。

遼史八〇邢抱朴傳云：

抱朴穎悟，好學博古，保寧初，爲政事舍人，知制誥，累遷翰林學士，加禮部侍郎。統和四年，山西州縣被兵，命抱朴鎮撫之。

檢聖宗紀：

統和三年閏九月癸酉，命邢抱朴勾檢顯陵。

邢抱朴之勾檢顯陵，設非臨時權差，則傳云翰林學士者，即紀云勾檢顯陵也。惜以資料之貧乏，不得陵寢之詳，然就歐陽之簡略敘說，已可知所謂寢殿學士者，負有兩重任務：

一　關於歲時之奉表，掌答書詔。

二　遇國有大事，爲書以賜國君。

此吾人可知之事，雖遼史未詳，而能信其不誣者。枯骨化形，即別有生人所謂寢殿學士者代先王言，作先王口氣。因先王已是髑髏，亦即枯骨。陵寢制度之實際情形，即以枯骨化形而治事。述律太后遣人賫書及阿保機明殿書以賜德光，該明殿書即以先君（阿保機，已爲髑髏）口氣作對兒皇帝之言，爲書以治事。吾人正可藉此神話得知陵寢之制乃契丹舊俗，而枯骨化形之傳說亦因陵寢制度得知其依據。

（二）喎呵

戴野豬頭披野豬皮者，在飲血衣皮之射獵時代（或社會），自屬常事。女眞射鹿，獵者即戴鹿頭披鹿皮，且民智未開之世，文身怪飾，實多有之，徵之現存之未進化民族，尤易瞭然。

（三）晝里昏呵

養羊二十而日食十九，猶言量入以爲出，不使貧乏之意。吐谷渾阿柴將死，以箭分賜諸子，誡以分折易斷，合則難摧之意。蒙古成吉斯汗十世祖孛端察兒之母阿蘭豁阿，亦曾以五箭與其五子訓以團結。此等類似之故事，或則記其理財之有法，或則誡子孫以團結，皆可視同平易近人之事。故此養羊二十，而食其一者，本不甚神奇，自無可異。

此三主之事，後二主比較易於明白，其枯骨化形之迺呵則緣陵寢之俗而化出。三汗者，皆契丹之酋首，故有傳說之舊事也。

四 大賀

契丹君長姓大賀氏，始見於唐書，唐會要並著之。然是否蘇徐舊本抑王氏續增，莫能詳也。令狐德棻等撰隋書，其契丹傳則未言大賀氏。故論契丹史事者，皆謂至唐其君號大賀氏也。

舊唐書七五韋雲起傳云：

隋時會契丹入抄營州，詔雲起護突厥兵，往討契丹部落，啓民（百衲本諱民作人）可汗發騎二萬，受其處分。雲起分爲二十營，……契丹本事突厥，情無猜忌，雲起即入其界，使突厥詐云向柳城郡欲共高麗交易，勿言營中有隋使，敢泄漏者斬之……契丹弗之知也，旣明，俱發馳騎襲之，盡獲其男女四萬口，女子及畜產，以半賜突厥，餘將入朝，男子皆殺之，煬帝大喜。

韋雲起於隋煬帝之世，曾以詐謀破契丹，但不著其首領之名號，惟知其本附突厥，此附於突厥之契丹首領，是否與唐時之契丹首君咄羅爲一系，莫能確指。然考大賀氏之由來，當即魏書契丹傳之何大何部，勿吉傳之拔大何部，亦即遼史所謂古八部中之第一部也。

唐書載唐時契丹八部即遼史謂曰大賀八部者，其第一部曰達稽，亦即遙輦八部中之第一部但利皆，試明其故。

但dan　達da　大da　古讀dui

三字同音，惟但字多一收聲鼻音。

稽ki　皆ke

二字同紐。

何　賀

二字同紐。稽皆何賀之語音關係，似當並源於kh [kx]，稽皆但取其k 何賀但取其h 故有稽皆何賀之歧，或是kh二音之互轉，此有待於語言學家之考究。今於史事中知其例甚多，如「可汗」之作「合罕」「黑罕」，乃最顯而易見者。「稽」「皆」可轉爲「何」「賀」，此但利皆，達稽、何大何部所以即大賀氏也。譯文求簡，故拔大何之「拔」或但利皆之「利」並從省減耳。

右明大賀氏之由來，乃以部而氏，非於大何部落之外，別有大賀之氏也。大賀諸汗，遼史世表著之，蓋參兩唐書而折衷之者，亦有未盡允當處，其序次如左：

一　咄羅

二　窟哥

三　阿不固

四　盡忠

五　失活

六　娑固

七　鬱于

八　咄于

九　邵固

右九汗，皆大賀部之首領而爲契丹大汗者。然失活爲盡忠之從父弟，娑固爲失活之弟，鬱于爲娑固之從父弟，咄于爲鬱于之弟，邵固則咄于之弟。六汗未出一輩，皆在開元之年，豈同時首領迭爲君長歟。阿不固爲繼窟哥之君長，曾叛於唐廷者。窟哥爲舉部內屬之君長，唐廷以爲松漠都督者。咄羅則在窟哥之前，於武德年獻名馬豐貂。咄羅以前之君長未見記載，由武德以至開元僅百年，是則咄羅之前，仍有若干大汗，蓋可推知也。

續通志氏族略改咄羅爲「綽羅」，謂曰達呼哩氏（即大賀）之首君，殆亦就可知者言之耳。

舊唐書七六吳王恪附信安王禕傳：

(開元)十九年，契丹衙官可突于，殺其王邵固，率部落降於突厥。玄宗遣忠王為河北道行軍元帥，以討奚及契丹兩蕃，以禕為副，王既不行，禕率戶部侍郎裴耀卿等諸副將分道統兵出於范陽之北，大破兩蕃之衆，擒其酋長，餘黨竄入山谷。

此被殺之契丹王邵固，即大賀氏之末主，可突于即擁立新汗屈列之人，將於次節詳之。

五　遙輦

遙輦之名，不見於大賀八部，可知其非八部之一，即不在八部之內。通檢各史，亦不得遙輦所自出，志部族者，謂其族而不部，比於橫帳三房，然此族而不部之遙輦，乃阿保機以後之事，非謂自古而然，然則遙輦初興，果何憑藉，是亦契丹史上一待發之覆也。

史稱大賀八部，隋時實有十部，遙輦八部，遙輦迭剌則別出，亦是十部。阿保機以後，遙輦族而不部，別有左右二大部，於此知隋唐之世，遙輦迭剌乃大賀之左右二大部落也。其事詳於下編，今就遙輦時代之諸汗論之。

遼史百官志云：

遙輦九帳大常袞司，掌遙輦洼可汗阻午可汗胡剌可汗蘇可汗鮮質可汗昭古可汗耶瀾可汗巴剌可汗痕德堇可汗九世宮分之事。

此九世可汗，不盡見於世表，於是知其史料之殘缺多矣，茲依次著之如左：

一　屈列（舊唐作屈剌，新唐作屈烈，此從遼史）

舊唐書百三張守珪傳：「先是契丹及奚連年爲邊患，契丹衙官可突于驍勇有謀略，頗爲夷人所伏。趙含章薛楚玉等前後爲幽州長史，竟不能拒，及守珪到官，頻出擊之，每戰皆捷，契丹首領屈剌與可突于恐懼，遣使詐降。守珪察知其僞，遣管記右衛騎曹王悔詣其部落就謀之，悔至屈剌帳，賊徒初無降意，乃移其營帳漸向西北，密遣使引突厥將殺悔以叛，會契丹別帥李過折與可突于爭權不叶，悔潛誘之，斬屈剌可突于（百衲本屈剌下有及字），盡誅其黨，率餘衆（衆百衲本作燼）以降。守珪因出師，次於紫蒙川，大閱軍實，讌賞將士，傳屈剌可突于等首于東都，梟於天津橋之南，詔封李過折爲北平王，使統其衆，尋爲可突于餘黨所殺。」

遼史世表曰：「屈列不知其世系，可突于立之，開元二十三年幽州節度使張守珪大破之。……斬屈列及可突于等傳首東都。」又曰：「過折本契丹部長，爲松漠府衙官，斬可突于及屈列歸唐，幽州節度使張守珪立之封北平郡王。是年可突于餘黨泥禮弑過折屠其家，一子剌乾走安東……自此契丹中衰。大賀氏附庸奚王，以通於唐，……泥禮耶律儼遼史書為湼里陳大任書為雅里，蓋遼太祖之始祖也。」

復於表末論曰：「蕭韓家奴有言：『先世遙輦可汗洼之後，國祚中衰，自夷離堇雅里立阻午可汗，大位始定。』今以遼史唐史參攷，大賀氏絕於邵固，雅里所立則懷秀也，其間唯屈列過折二世，屈列乃可突于所立，過折以別部長為雅里所殺，唐史稱泥禮為可突于餘黨，則洼可汗者殆為屈列耶。」

按以屈烈擬為洼可汗之說頗近於理。蕭奪剌蕭得里底皆「遙輦洼可汗宮分人」，並見本傳。

二　迪輦俎里

世表云：「李懷秀唐賜姓名，契丹名迪輦俎里，本八部大帥，天寶四年降唐，拜松漠都督，安祿山表請討契丹，懷秀發兵十萬，與祿山戰潢水南，祿山大敗，自是與祿山兵連不解。耶律儼紀云：『太祖四代祖耨里思為迭剌部夷離堇，遣將直里姑括里大敗范陽安祿山于潢水。』適當懷秀之世，則懷秀固遙輦氏之首君，為阻午可汗明矣。」

按此論有未合者：（一）據蕭韓家奴之言，阻午以前有洼可汗，則阻午為遙輦首君之句最少是有語病。（二）據新唐書本紀，為安祿山發幽州雲中平盧河東兵十餘萬，非懷秀發兵十萬。（三）懷秀，冊府元龜作懷節。

營衞志載阻午可汗二十部。謂曰涅里相阻午可汗，分三耶律爲七，分二審密爲五，並前八部爲二十部。

三 楷落

世表云：「以唐封恭仁王代松漠都督，遂稱契丹王。」

按楷落織阻午，當即胡剌可汗也。遼史禮志總序云：「遙輦胡剌可汗制祭山儀。」此儀今載於禮志吉儀門，儀式繁縟，殆歷經增益者也。

四 蘇可汗

蘇可汗今不得其名字，然有此人則可信，禮志總序云：「蘇可汗制瑟瑟儀。」瑟瑟儀契丹用以乞雨，其事則西域先有之用以乞寒，入唐稱曰「潑寒胡戲」。

五 鮮質可汗

遼史耶律敵剌傳云：「敵剌遙輦鮮質可汗之子，太祖踐阼……命掌禮儀」是則鮮質之世，可以推求。又耶律弘古耶律玦皆鮮質可汗之後，各見本傳。

六 昭古可汗（耶律阿沒里傳作嘲古可汗）

世表於楷落下云：「其後寖大，貞元四年犯北邊，幽州以聞。自祿山反，河北割據，道路不通，世次不可悉考。」今以時計之，正蘇鮮質昭古三汗之世，安史割據，河北自成一勢力，介於大唐與契丹之間，唐廷威勢不及河北，契丹遂附於回鶻。

七　屈戍

世表云：「契丹王屈戍，武宗會昌二年授雲麾將軍幽州節度使，是爲耶瀾可汗。張仲武奏契丹舊用回鶻印，乞賜聖造，詔以『奉國契丹』爲文。」

按新唐書契丹傳：「會昌二年（壬戌八四二），回鶻破契丹，屈戍始復內附，拜雲麾將軍守右武衞將軍，於是幽州節度使張仲武爲易回鶻所與舊印。」世表所云：「授屈戍幽州節度使」者，蓋舛文而訛，非史實也。兵衞志序曰：「遙輦耶瀾可汗十年歲在辛酉（九〇一），太祖受鉞專征。……十月授大迭烈府夷離堇。十一年總兵四十萬伐代北。……十二年德祖討奚……。十五年（丙寅九〇六）遙輦可汗卒，遺命遜位於太祖。」今檢太祖紀：「唐天復元年歲在辛酉，痕德僅可汗立，以太祖爲本部夷離堇專征討。……冬十月授大迭烈府夷離堇。」如是則耶瀾可汗十年即接痕德堇可汗，未與世表相合也。

八　習爾（新唐書作習爾之）

世表云：「契丹王習爾，是爲巴剌可汗，咸通中再遣使貢獻，部落寖強。」按世表之文，實源於新唐書契丹傳：「咸通中其王習爾之，再遣使者入朝，部落寖強。習爾之死，族人欽德嗣。」是則欽德之前屈戌之後確有契丹王曰習爾，曾再遣使朝唐。耶瀾可汗十年爲辛酉，循之上溯，則耶瀾元年爲壬子（八九二），即唐昭宗景福元年，乃咸通（八五〇——八七四）中已有耶瀾以後之契丹王貢献；殊錯迕不符。

九 欽德

世表云：「契丹王欽德，習爾之族也，是爲痕德堇可汗。光啓中，鈔掠奚室韋諸部，皆役服之，數與劉仁恭相攻，晚年政衰。……迭刺部耶律阿保機建旗鼓，自爲一部，不肯受代，自號爲王，盡有契丹國，遙輦氏遂亡。」太祖紀云：「唐天復元年，歲辛酉，痕德堇可汗立。……（天祐三年丙寅九〇六）十二月痕德堇可汗殂。群臣奉遺命請立太祖……三讓從之。」與世表歧互。此三讓從之一點，可以置而不信，欽德可汗之卒年，仍待考求，蓋五代會要廿八册府元龜九七二並有梁開平間阿保機率其妻及前王欽德貢献之紀事，是欽德於阿保機自立之後尙仍存在，遼史所謂尊遙輦於皇族之上者，亦即指此，特欽德之後，耶律遂代遙輦爲部落之共主矣。

遙輦契丹，自屈列以來，親接突厥，與大賀契丹之親接唐廷者不同，故其可汗之傳襲授受，多得於傳聞，僅有與唐交兵之首領始有名號見於史，安史而後，道路不通，史料遂益闕，今可知者如此，其年月之舛歧，或以同時之大首領誤爲前後之可汗。

六　迭剌部及阿保機之祖先

遼史營衛志遙輦八部條末云：

唐開元天寶間，大賀氏始微，遼始祖涅里立阻午可汗，時契丹因萬榮之敗，部落凋散，即故有部衆，分爲八部，涅里所統迭剌部，自爲別部，不與其列，並遙輦迭剌亦十部也。

册府元龜卷千外臣部強盛門：

耶律阿保機、契丹別部尊（酋）長也。

迭剌部之名，已見於阻午之世，然不在八部以內而自爲別部。是則遙輦迭剌並爲大賀之左右二部，可推知也。

太祖紀贊云：

（遼）至雅里，始立制度，置官屬，刻木爲契，穴地爲牢，讓阻午而不肯自立。（一）雅里生（二）毗牒，毗牒生（三）頦領，頦領生（四）耨里思……是爲肅祖，肅祖生（五）薩剌德……是爲懿祖，懿祖生（六）勻德實，始教民稼穡，善畜牧，國以殷富，是爲玄祖，玄祖生撒剌的……始置鐵冶，教民鼓鑄，是爲德祖，即太祖之父也。世爲契丹遙輦之夷離菫，執其政柄。

此阿保機之祖先也，玆以次論其事蹟。

一 雅里

雅里亦作泥禮涅里湼禮，遼史世表云：「可突于餘黨泥禮弒過折，屠其家，自此契丹中衰。……泥禮耶律儼遼史書爲湼里，陳大任書爲雅里，蓋遼太祖之始祖也。」開元天寶間，大賀既微，大汗部固爲可突于所弒，以其衆降突厥，是即擁立屈列之事。有部長過折者，斬可突于及屈列，泥禮則以可突于餘黨而弒過折，是泥禮者，爲親突厥派之餘黨，與親唐之大賀爲敵對之兩集團。遼史三三兵衞志：「大賀氏中衰，僅存五部，有耶律雅里者，分五部爲八，立二府以總之，析三耶律氏爲七，二審密氏爲五，凡二十部。刻木爲契，政令大行，遜不有國，乃立遙輦氏代大賀氏，兵力益振，即太祖六世祖也。」雅里弒過折以擁立阻午而自統迭刺部，遂爲遙輦之左部矣。

二 毗牒

雅里之子事蹟未詳。

三 頦領

毗牒之子，遼史地理志慶州條云：「遼國五代祖勃突，貌異常，有武略，力敵百人，衆推爲王。生於勃突山，因以名，沒葬山下，在州（州下當有闕文）二百里。」又文學傳蕭韓家奴傳載蕭氏上書云：「自夷離堇湖烈以下，大號未加，天皇帝之考，夷離堇的魯猶以名呼。」此勃突湖烈，疑頦領之別譯也。

四　耨里思肅祖

世表引耶律儼紀云：「太祖四代祖耨里思爲迭剌部夷離堇，遣將只里姑括里大敗范陽安祿山於潢水，適當懷秀之世。」按安祿山伐契丹在天寶十年（五九一），耨里思爲太祖之高祖，由阿保機稱帝之時上溯，略可相符。皇子表載肅祖四子，長曰洽昚字牙新，官迭剌部夷離堇，有德行，分五石烈爲七，六爪爲十一，子孫房在五院司。次懿祖。三曰葛剌，官舍利早卒，子孫房在六院司。四曰洽禮字敵輦，官舍利，子孫房在六院司。

五　薩剌德懿祖

太祖紀贊曰：「薩剌德嘗與黃室韋挑戰，矢貫數札，是爲懿祖。」皇子表云：「懿祖四子敵剌，官舍利早卒。次曰帖剌字痕得，九任迭剌部夷離堇，卒年七十，子孫房在六院司，呼爲夷離堇房，三玄祖。四曰褭古直字岩母根，官舍利，善射，年及冠，墮馬卒。

六　匀德實玄祖

食貨志云：「初皇祖勻德實，爲迭烈府夷離菫，喜稼穡，善畜牧，相地利以教民耕。」又玄祖簡獻皇后傳云：「玄祖爲很德所害，后嫠居，恐不免，命四子往依鄰家耶律臺押，乃獲安。」耶律欲穩傳云：「耶律欲穩，突呂不部人，祖臺押，遙輦時爲北邊拽剌，簡獻皇后與諸子之罹難也，嘗倚之以免。」

耶律鐸臻傳云：「耶律鐸臻，六院部人，祖蒲古只，遙輦時，再爲本部夷離菫，耶律狠德既害玄祖，暴橫益肆，蒲古只以計誘其黨，悉誅夷之。」似蒲古只之爲夷離菫，即次玄祖以後也。皇子表列玄祖四子，長麻魯，官舍利，早卒。次曰巖木字敵輦，身長八尺，多力能裂麋皮，語音如鐘，彌里本嶺去家數里，嘗登嶺呼其從，家人悉聞之。三爲迭剌部夷離菫。三曰釋魯，字述瀾，官至于越，驍勇多力，賢而有智，先遙輦氏可汗歲貢于突厥，至釋魯爲于越始免。教民種樹桑麻。年五十七爲子滑哥所弒。四曰德祖。

七 撒剌的德祖

蕭韓家奴上書云：「天皇帝之考夷離菫的魯猶以名呼。」又契丹國志太祖紀云：「父斡里爲夷離巾，猶中國刺史。」的魯斡里皆謂撒剌的。

自雅里以至撒剌的，凡歷七世而至阿保機，皆附遙輦氏，不謂遙輦時之迭剌部首領即此七人，蓋契丹之俗，首領由於世選，故迭剌部之夷離堇，皆爲雅里子孫，然不必即阿保機之祖父直嫡相傳，耶律曷魯傳曰：「曷魯迭剌部人，父偶思，遙輦時爲本部夷離堇。」又曰：「偶思病，召曷魯曰：『阿保機神略天授，汝率諸弟赤心事之。』」是偶思即阿保機前之夷離堇矣。偶思之父蒲古只，爲玄祖以後之夷離堇。迨阿保機之世，以其近於漢界，先進文明，遂得以草原外緣之特區，統一契丹，東倂渤海。

七　結語

由青牛白馬之說與敬天之俗，可知契丹與蒙古爲一系，參以八部傳說與奇首居地，則知其初與消息。枯骨化形，因陵寢官而演出，陵寢設官爲契丹舊俗。大賀爲古八部之一，即達稽部，亦即但利皆部，因部而氏，遙輦迭剌爲大賀之左右部，大賀爲親唐派，故其事之傳於中原者較多；遙輦附突厥，故其事之傳於中原者較少。又以始無文字，史事藉於口傳，校其信而有徵者如此。

第四篇　選汗大會與帝位繼承

一　緒言

通鑑考異廿八阿保機不受代條引漢高祖實錄曰：（契丹）八部之長，皆號大人，稱刺史，常推一人爲王，建旗鼓以尊之。每三年，第其名以相代。此段故事，別見於册府元龜卷一千外臣部強盛門，輯本薛史百十三契丹傳。遼史世表亦載之，謂曰：「八部大人，法常三歲代，迭刺部耶律阿保機建旗鼓自爲一部，不肯受代。」歐五代史七三契丹附錄云：

（契丹八部）部之長，號大人，而常推一大人建旗鼓以統八部，至其歲久，或其國有災疾而畜牧衰，則八部聚議，立其次而代之。被代者以爲約本如此，不敢爭。

按此僅稱「八部聚議立其次而代之」不著「三年之期」。契丹國志則但言「三年一會，於各部內選雄勇有謀者，立之爲王（卽大汗），舊主退位，例以爲常」，不言「第名更代」。趙至忠虜廷雜記曰：

凡立王，則衆酋長皆集會議，其有德行功業者立之。或災害不生，群牧孳盛，人民安堵，則王更不替代。苟不然，其諸酋長會衆部，別選一名爲王。

關於八部推選大汗之史料，已備輯於此。世表史源，多爲南朝記錄，而趙至忠則北人南附者，李燾長編：

「仁宗慶曆元年八月乙亥，以契丹歸明人趙英爲洪州觀察推官，賜緋衣銀帶及錢五萬，更名至忠。至忠嘗爲契丹中書舍人，得罪宗眞，挺身來歸，言慶曆以前契丹事甚詳。」王銍默記亦言「趙至忠虜部，自北虜歸朝，嘗仕遼中，爲翰林學士，修國史，著虜廷雜記之類甚多。」至忠事蹟，並見於歐陽修歸田錄，江少虞皇朝類苑，孫升談圃等，皆作「志忠」。虜廷雜記十卷，晁公武郡齋讀書後志著於錄。故至忠所稱，可以代表遼國傳說，今兩相比較，小異而大同，可見大汗推選之事，當爲契丹古史中一段，然治史者尙未予以說明或注意，今細繹遼史，審析其事，參以朔方諸族之習俗，頗得梗概。姑著其略如下：

二　柴册儀爲大汗推選之遺跡

遼史禮志柴册儀：

擇吉日，前期置柴册殿及壇，……行再生儀畢，八部之叟，前導後扈，左右扶翼皇帝册殿之東北隅，拜日畢，乘馬選外戚之老者，御皇帝疾馳，仆御者從者以氈覆之，皇帝詣高阜地，大臣諸部帥，列儀仗遙望以拜。皇帝遣使勅曰：「先帝升遐，有伯叔父兄在，當選賢者，沖人不德，何以爲謀。」群臣對曰：「臣等以先帝厚恩，陛下明德，咸願盡心，敢有他圖？」皇帝令曰：「必從汝等所願，我將信明賞罰，爾有功，陟而任之，爾有過，黜而棄之，若聽朕命，則當謨之。」僉曰：「惟帝命是從！」皇帝於所識之地，封土石以誌之，遂行拜先帝御容，宴饗羣臣。翼日，皇帝出册殿，護衛太保扶翼升壇，奉七廟神主，置龍文方茵，北南府宰相率羣臣圜立之，各舉氈邊贊祝訖，樞密使奉玉寶玉册入，有司讀册訖，樞密使稱尊號以進，羣臣三稱萬歲，皆拜，宰相北南院大王諸部帥進赭白羊各一羣。

又禮志稱柴册儀為阻午可汗所製，而遙輦時代，已有行用此儀之記事，是此儀為舊俗甚明。考此種儀式之情節及問答之言語，似當源於古八部推選大汗之舊軌而加以文飾損益者。關於此段儀節，別見於燕北錄，所記更為質實，茲遂錄其文於次，用資比較。

清寧四年戊戌歲，十月二十三日，戎主一行，起離韃甸往西北約二百七十餘里，地名永興甸，行柴册之禮。於十月一日先到小禁圍內，宿泊。二日，先於契丹官內揀選九人，與戎主身材一般大小者，各賜戎主所著衣服一套，令結束，九人假作戎主，不許別人知覺，於當夜子時，與戎主共十人相離出小禁圍入大禁圍內，分頭各入一帳，每帳內只有蠟燭一條，椅子一支，並無一人，於三日辰時，每帳前有契丹大人一員，各自入帳列何骨臚，（原注：漢語，捉認天子也。）若捉認得戎主者，宜賜牛羊駝馬各一千。當日宋國大王（原注：戎主親弟），於第八帳內捉認得戎主，番儀須得言道：「我不是的皇帝」，其宋國大王卻言道：「你的是皇帝」，如此往來番語凡三徧，戎主方始言道：「是便是」。出帳來，著箱內番儀衣服，畢，次第行禮，先望日四拜，次拜七祖殿，次拜木葉山神，次拜金神，次拜太后，次拜赤孃子，次拜七祖眷屬，次上柴籠受册，次如黑龍殿受賀。

此次爲道宗行柴册之禮，所記言語，皆直譯番言，如「我不是的皇帝」等句子。可見此儀爲舊俗，亦見記錄之眞確。禮志所載，如尙書典謨之言者，乃史家改潤。就禮志「七廟神主」之言看，當亦道宗時事，似即約燕北錄而修。李燾長編引仁宗實錄於隆緒歿後云：「凡受册，積柴升其上，大會番人其下，已乃燔柴告天，而漢人不得預。」柴册之儀，固契丹之大典也。遙輦時，爲夷離堇者即行之。遼史轄底傳：「遙輦痕德堇可汗時，異母兄罨古只爲迭刺部夷離堇，故事：爲夷離堇者得行再生禮，罨古只方就帳易服，轄底遂取紅袍貂蟬冠，乘白馬而出，乃令黨人大呼曰：『夷離堇出矣！』衆皆羅拜，因行柴册禮自立爲夷離堇。」夷離堇後改稱大王，即一部之首領。轄底謀爲夷離堇，必先設計行柴册，因行柴册之後，始爲公認之夷離堇也。遼朝列帝，除於穆紀景紀未見外，皆曾行此禮。考道宗此次行禮之後，五年，即清寧九年，而有重元之亂。重元亦有競爭大汗資格者，其事別詳，今就此段柴册之史蹟，擧其要點：

（一）九人假作戎主，不許別人知覺。

（二）問答言語及三讓從之之情節。

(三) 承認之後便出帳著番儀衣服，次第拜奠。

以上三點，其造作曲折，非足見於舊傳之大汗推舉，有因襲之跡，參以契丹宮廷，(帳) 仍多存有其他舊俗，則此說益覺可信。通鑑梁中大通四年載：「(魏) 孝武帝即位於東郊之外，用代都舊制，以黑氈蒙七八，歡居其一，帝於氈上西向拜天畢，入御太極殿。」是拓拔舊制，亦有捉認天子之事。其捉認之法，亦以天子混入而捉認之，同於契丹之「何列骨朧」。頗疑此種辦法，為北族舊有之俗，而此俗之所以流行，又必有其史實之依據，即以推選大汗為背景者。

三　官吏世選為推選大汗之縮影

世選之法，為契丹舊俗，趙翼廿二史劄記卄七有遼官世選之例一條，其言云：

> 遼官功臣無世襲，而有世選之例。蓋世襲則聽其子孫自為承襲，世選則於其子孫內量材授之。興宗詔世選之官，從各部耆舊擇賢能者用之是也。其高下亦有等差，外戚表序云「后族蕭氏，世預北宰相之選。」按遼本紀，太祖四年以后兄蕭達魯為北府宰相，后族為相自此始，然蕭塔喇噶傳，其祖當安祿山來攻時，戰敗之，為北府宰相世預其選。則世選官本契丹舊制，不自遼太祖始也。

世選之法，施用頗久，其範圍亦甚寬，凡握軍政柄者，如夷離堇，北南宰相，節度使等皆以世選之法行之。膺選之人，亦例經慎擇，如聖宗紀：「太平八年十二月丁丑，詔庶孽雖已為良，不得預世選。」可見慎重之一斑，又道宗清寧二年正月乙巳，詔世預宰相節度使之選者，免皮室軍。並見道宗紀及部族表，亦足證寵遇與重視。今論官吏世選，為推選大汗之縮影者，其憑依有二：

一曰世選之方法，即選賢而有界限，正與大賀以來之選汗相同。蓋阿保機以前諸大汗，皆遙輦一氏，遙輦以前，則僅大賀一氏，並無別部代替之跡，已非「第名更代」之簡單，正如選求官吏而有其界限。報功恩寵之世官，仍寓選賢舉能之意義，故大賀以來之大汗推選，可謂曰世選之一，亦可謂曰官吏世選之所源。要之同為選求賢才，惟一則用之總理全國，一則用之治理一部或某事耳。

二曰世選之官目，如蕭敵魯世為決獄官，即用此法，姑緩論。夷離菫，實一部之長，北南宰相亦可謂四大首領，乃並用此法，所謂大汗者，即此諸首領中之首領，兩者區別，愈後愈多，始則大略相同，故人汗推選，亦可擬曰世選。

此就精神形式兩方面言之，世選官吏，實與推選大汗相同，所謂具體而微者也。

由另一面看，亦可謂大汗即是官吏之一，其產生方法，同於一般官吏，乃由一定界限之內選賢。如此，又脗合於「古者天子亦百官之一」說，白虎通云：「天子者，爵稱也。」孟子云：「天子一位。」此南北玄同之蹟。更可助於吾人之瞭解。

四 太祖以下汗位繼承之紛爭

遼史七二喜隱傳論曰：「自太祖之世，剌葛安端，首倡禍亂，太祖旣不之誅，又復用之，固爲有人君之量，然惟太祖之才，足以駕馭，庶乎其可也。李胡而下，宗王反側，無代無之，遼之內難，與國始終，厥後嗣君，雖嚴法以繩之，卒不可止。」此種事實，雖爲元人撰史時所見，然何以有此事實，則未有解釋，今試一一分論之：

甲 太祖諸弟之亂

遼史太祖紀：

太祖五年五月，皇弟剌葛迭剌寅底石安端謀反。安端妻粘睦姑知之，以告得實，上不忍加誅，召與諸弟登山刑牲，告天地爲誓，而赦其罪。出剌葛爲迭剌部夷離菫，封粘睦姑爲晉國夫人。

關於此次叛亂，轄底亦爲重要人物。轄底傳云：

轄底誘剌葛等亂，……爲追兵所獲，太祖問曰：「朕初即位，嘗以國讓，叔父辭之，今反欲立吾弟，何也？」轄底對曰：「始臣不知天子之貴，及陛下即位，衞從甚嚴，與凡庶不同，臣嘗奏事心動，始有窺覦之意，……事若成，豈容諸弟乎。」

就轄底之言，特取刺葛以爲先驅，其意殆不在刺葛。按轄底則已曾爲夷離菫者，與太祖同具大汗之資格。再檢刺葛原爲惕隱，（見二年正月，作撒刺。）惕隱、志稱典宗室之司，即管理本族。迭刺部夷離菫，爲太祖稱帝以前之職位，視惕隱之權勢大。紀言出刺葛者，蓋史家之詞，實則易爲崇位以安之。旣言爲亂，又升尊官，何也？

太祖紀云：

> 太祖六年十月戊寅，刺葛破平州還，復與迭刺、寅底石、安端等反，……諸弟各遣人謝罪，上猶矜憐，許以自新。
>
> 七年三月刺葛引其衆至乙室菫淀，具天子旗鼓，將自立，……上以兵追之，刺葛遣其黨寅底石引兵徑趨行宮，焚其輜重，縱兵大殺，皇后急遣蜀魯古救之，僅得天子旗鼓而已，其黨神速姑復刦西樓，焚明王樓，……命北宰相迪里古爲先鋒，進擊之，刺葛率兵逆戰，……伏發，合擊，遂大破之，刺葛奔潰，遺其所奪神帳於路，上見而拜奠之。……五月甲寅，奏擒刺葛。

檢此事凡三起三伏，歷時週二年，史稱此事之聲勢及社會上所受之影響，至「煑馬駒，採野菜以爲食，孳畜道斃者十七八，物賈十倍。」刺葛以皇弟之親，何故屢起謀反，而諸弟又黨附之，此中必有緣故。尤有可注意者，即刺葛至乙室菫淀，具天子旗鼓，及刺葛奔潰，遺其所奪神帳於路，上見而拜奠之。是神帳在契丹部衆中，殆有相當之信仰。而剌葛具天子旗鼓，有諸弟之黨附，似非單純之叛逆。即以叛逆言，亦必有其號召之理由或藉口，頗疑其爲舊俗所允許，即剌葛爲更代之新汗也。由另一面言，剌葛等之所爲，乃是一種護法（舊俗）運動，試舉三事以推繹之：

（一）夷離堇即一部之首領，太祖以迭剌部夷離堇而爲大汗，轄底剌葛皆曾爲迭剌部夷離堇者，亦即皆有被推或奪取大汗之條件。

（二）契丹之俗，最重旗鼓，歐五代史七二附錄云：「（八）部之長號大人，而常推一大人，建旗鼓以統八部。」通鑑考異引漢高祖實錄云：「（契丹）常推一人爲主，建旗鼓以尊之。」又稱漢高祖實錄與唐餘錄皆曰：「阿保機恃勇拒諸族不受代，後諸部邀之，請用舊制，阿保機不得已傳旗鼓。」此言所傳之旗鼓，與剌葛所具之天子旗鼓，當皆大汗之旗鼓。儀衛志亦稱：「遙輦末主遺制，迎十二神纛天子旗鼓，置太祖帳前。諸弟剌葛等叛，匀德實縱火焚行宮皇后命曷古魯救，之，止得天子旗鼓。太宗即位，置旗鼓神纛於殿前。」是剌葛之旗鼓，顯然爲大汗儀仗。

（三）自剌葛就擒之後，餘黨分別施以誅戮，直至八年七月，有司上諸族帳與謀逆者二百餘人罪狀，皆棄市。次年二月，羣臣即上尊號曰「大聖大明天皇帝」，后曰「應天大明地皇后」，大赦，建元神册。尊號建元，顯爲剷除守舊的反對派之後，一新耳目之舉。

凡此三點，足證刺葛之亂，當於叛亂以外求解釋。蓋阿保機以一世雄傑，得以利用草原特區即外緣之新區域，使迭刺之部，凌壓遙輦，即由遙輦之屬，漸而強弱異勢。故阿保機已爲契丹實際上之首領，惟各部尚安於舊習，不能帖然就範。及統一內部之後，次年即用漢法稱帝建元，阿保機先以草原特區，統一草原，進而混合大唐特區，（說詳阿保機建國之基礎）其術則吸收漢人漢城以爲頭下城，漸次強大。漢人勸其不受代，即背棄舊俗，阿保機遂長任大汗，削平覬覦，故太祖神册建元，不論其爲欽慕漢風而長據帝位，抑或戀据汗位而緣飾漢俗，而刺葛等之亂，謂爲擁護舊俗者，即大汗更代，似無何滯碍。至刺葛之所以得護法或擁護舊俗，又以實力雄厚之迭刺部爲支持也。

乙　所謂扶餘之變

太祖紀贊曰：

周公誅管蔡，人未有非之者，刺葛安端之亂，太祖既貸其死而復用之，非人君之度乎！舊史「扶餘之變」，亦異矣夫！

按此云舊史，當指陳大任遼史或耶律儼實錄而言。元人撰史，不信舊說，今就元人所修之史求之，固不能見扶餘事件之詳，然有可疑之線索。刺葛爲亂首，而遼史無刺葛傳，從刺葛者有寅底石安端等，調處其間者，則有南府宰相蘇，今檢太祖紀：

天顯元年七月庚午，東丹王左大相迭剌卒。

甲戌，次扶餘城，上不豫，辛巳，上崩，年五十五。

九月壬戌，南府宰相蘇薨。

檢此段經過，其可異者，爲弟兄三人，何以同死於百日之內？

又皇子表載：

太祖遺詔以寅底石守太師政事令，輔東丹王。淳欽皇后遣司徒劃沙殺於路。

通鑑天成元年八月，記「阿保機崩於扶餘，述律后使少子安端少君守東丹王。」執此兩條合讀，似是去彼用此；其實不然，太祖並未命被殺之寅底石，受遺命者爲寅底哂，羽之小字也。撰史者以同名而誤，被殺之寅底石，乃太祖之弟，曾預刺葛之亂者，故在此段經過內，可異者，爲隨太祖崩殂之後，寅底石即被殺。

宏簡錄云：

太祖崩，后恚，召從行將帥等妻謂曰：「我今爲寡婦，汝等豈宜有夫。」因殺大將百餘人，曰：「可往從先帝於地下。」左右有過者，亦多殺於墓隧中。因事怒趙思溫，使送木葉山，不肯行，責之，對曰：「親莫若后，何乃不行？」乃斷一腕納壙中而釋思溫不殺。

考此段記載，實源於歐五代史（七三）契丹附錄，並見於契丹國志。遼史淳欽皇后傳與地理志亦記其斷腕納柩中，但不及趙思温。此事姑以傳說視之，其必與寅底石之被殺有關，而被殺者非寅底石一人，亦可想見，今審析此事，有可注意者兩點：

（一）述律以太祖崩殂，遂令從行大將之妻皆陪同守寡，而殺諸將於太祖墓，此舉實不近情理。即令有殉葬之俗，亦不能用許多大將爲殉葬。蓋既云大將，其關係軍國部族者可知，故殺諸將之事，必不因求諸將之妻陪同守寡，而當另有原故。

（二）趙思温抗辯不從，述律反斷己腕而釋思温，亦爲情理所不許，仍當別求解說。

死於太祖之前者爲迭刺，死於太祖之後者爲蘇寅底石等，皆在征東期間，今不敢以游離漠糊之詞，以斷「扶餘之變」爲有，然此種種疑竇，至足耐人尋思。此是諸弟亂後一餘波，請再論東丹之讓國。

丙　讓國皇帝之讓國

遼史義宗傳云：

倍知皇太后意欲立德光，乃謂公卿曰：「大元帥功德及人神，中外攸屬，宜主社稷。」乃與羣臣請於太后而讓位焉。於是大元帥即皇帝位，是爲太宗，太宗既立，見疑，……又置衛士，陰伺動靜，……倍因畋海上，……立木海上，刻詩曰：「小山壓大山，大山全無力，羞見故鄉人，從此投外國。」攜高美人載書浮海而去。……唐以天子儀衞迎倍。（故鄉，松漠紀聞作當鄉。）

遼史太宗紀：

天顯元年七月，太祖崩，皇后攝軍國事。明年秋，治祖陵畢，冬十一月壬戌，人皇王倍率群臣請於皇后曰：「皇子大元帥勳望，中外攸屬，宜承大統。」后從之。是日即皇帝位，……丙寅，行柴册禮，十二月辛巳，諸道將士辭歸鎮。

五年二月丙辰，上與人皇王朝皇太后，太后以皆工書，命書於前以觀之。辛酉，召羣臣議軍國事。三月乙酉，宴人皇王僚屬於便殿。四月乙未，詔人皇王先赴祖陵，謁太祖廟。丙辰，會祖陵，人皇王歸國。九月己卯，詔舍利普寧撫諭人皇王，庚辰，詔置人皇王儀衞。十一月戊寅，東丹奏，人皇王赴海適唐。

此遼史所記前後之經過。就此記載，已覺其非讓國之美。若從旁求之，將益見其不然。通鑑二七七云：「契丹東丹王突欲，自以失職，率部曲四十人赴海，自登州來奔。」通鑑又記「述律后愛中子德光，欲立之，命與突欲俱乘馬立帳前，謂諸臣曰：『二子吾皆愛之，莫知所立，汝曹擇可立者，執其轡。』諸臣知其意，爭執德光轡，遂立之。」是則太宗之立，記載之表面，爲承遺后旨，實際上，仍繫於諸首領（卽群臣）之執轡。此種辦法，就漢俗言爲擇立，若就契丹本俗論，即一種推選，亦即八部推選遺存之舊規。自天顯元年十一月，太宗即皇帝位，行柴册禮之後，歷四年至天顯五年二月丙辰，上與人皇王朝皇太后，太后以皆工書，命書於前以觀之。辛酉，召羣臣議軍事。三月乙亥，册皇弟李胡爲壽昌皇太弟（弟原誤作子依本傳及皇子表改正）兼天下兵馬大元帥。十一月，人皇王赴海適唐。按此召羣臣議軍國大事之時，亦略當古俗更替之期，頗疑此次議會，即以大汗爲主題，最低亦必涉及大汗之事。皇太弟之號，乃自晉惠帝立成都王穎以來之故事，即兄終弟及之意。李唐一代，武宗昭宗並以皇太弟繼位。太弟之號，不可忽視，故册李胡爲皇太弟兼天下兵馬大元帥，即無異曰候補大汗。人皇王爲欽慕漢俗者，故不得不去國南逃矣。遼史所云人皇王倍率羣臣請於后而立之，似非事實，而爲潤飾之語。夷齊佳話，突欲或能知之，惟避位引退，則非效夷齊之盛，乃因舊俗之限制。故太宗即位四年之後，又同朝皇太后，召羣臣會議。及夫會後失敗，必感覺煩悶，遂有儀衛之設置，亦即監視之意，故只有自嘆「大山全無力」，而不能不「投外國」矣。契丹國志云：

德光既立，突欲慍，率數百騎欲奔唐，爲邏者所遇，述律后不罪，遣歸東丹。

是突欲先已有奔唐之事。今跡其前後，殆不能率羣臣而請於后，縱令請於后，亦爲被舊俗之迫，而非甘願，可以斷言，未可譽爲漢人文化所謂讓國之美也。（自然，中原古史所傳之讓國，亦未必是眞讓國。）通鑑考異云：

實錄：「阿保機妻令元帥太子往渤海，代慕華歸西樓，欲立爲契丹王，而元帥太子既典兵柄，不欲之渤海，遂自立爲契丹王，謀害慕華，其母不能止，慕華懼，遂航海內附。」按天皇王入汴，猶求害東丹者誅之，豈有在國欲殺之理？今不取。

按溫公以太宗曾誅害東丹之人，即斷其不能在國欲殺之一點，其依據之薄弱，可不待辦。且誤太宗爲天皇王，幸留實錄之文，得令後人稍窺其影迹，故溫公之論雖未愜，（蓋囿於漢文化之成見）而其消息仍藉溫公以傳也。實錄所記，乍見之，似與前言推舉相矛盾，實則相映爲證，益見其事之眞。因此種推舉，亦皆以武力爲後盾，觀於蒙古選汗之庫里爾台，蓋可知矣。遼史耶律安摶傳曰：

父迭里……太祖崩，淳欽皇后稱制，欲以大元帥嗣位。迭里建言帝位宜先嫡長，今東丹赴朝當立。由是忤旨，以黨附東丹王，詔下獄訊鞫，加以炮烙，不服，殺之，籍其家。

是黨突欲者，猶不免刑戮，況突欲乎？或曰，突欲既被迫奔唐，黨突欲者尚不免刑戮，何突欲子兀欲仍留契丹？似有讓國之意。曰，是不然，德光之被選與突欲之落選，衡以舊俗，其事甚平常。即令突欲代德光爲大汗，而突欲以後之大汗，亦非必父子傳襲。反之，德光以後之大汗，兀欲仍有資格或機會，故突欲奔唐，而兀欲仍得不奔，未足證爲漢人文化讓國之美也。

丁　世宗之繼位及其遇弒

通鑑後漢高祖十二年稱：「契丹主每謂晉臣曰：『中國事，我皆知之，吾國事，汝曹不知也。』」胡注論之曰：

契丹主自謂周防之密，以誇晉臣，然東丹之來，已胎兀欲謀國之禍，雖甚愚者知之，而契丹主不知也。

身之之看法，殆以父被排擠去國，子必起而報復。此點實甚重要，然未注意契丹之俗，非必父子傳襲，否則兀欲不能於突欲奔唐之後，仍留契丹，更不能從征握兵柄也。遼史世宗紀：

大同元年四月丁丑，太宗崩於欒城。戊寅，次鎮陽，即皇帝位於柩前，太后聞帝即位，遣太弟李胡率兵拒之。六月甲寅朔，次南京，五院夷離堇安端詳隱劉哥遣人馳報，請為前鋒，至泰德泉，遇李胡軍，戰敗之。閏七月，次潢河，太后李胡整兵拒於橫渡，相持數日，用屋質之謀，各罷兵趨上京，旣而聞太后李胡復有異謀，遷於祖州，九月，葬嗣聖皇帝於懷陵。丁卯，行柴册禮，群臣上尊號曰天授皇帝。

此兀欲繼位之大概經過。又章肅皇帝傳云：

世宗即位鎮陽，太后怒，遣李胡將兵擊之，至泰德泉，為安端劉哥所敗，太后與世宗隔潢河而陣，各言舉兵意，耶律屋質入見太后曰：「主上已立，宜許之。」時李胡在側，作色曰：「我在，兀欲安得立！」屋質曰：「奈公酷暴失人心何？」太后顧李胡曰：「我非不欲立汝，汝自不能矣。」及會議，世宗始解劍而言和。約既定，趨上京，會有告李胡與太后謀廢立者，徙李胡於祖州，禁其出入。

此言會議，乃議和之會，亦即推選之會也。惟是此等推選會議，漸漸失去原相，所存者不過其殘形或變相之殘形而已。

耶律屋質傳曰：

太宗崩，諸大臣立世宗。

諸大臣者，即諸大首領也。耶律安摶傳所記較詳，其言曰：

諸將欲立世宗，以李胡及壽安王在朝，猶豫未決，時安摶直宿衛，世宗密詔問計，安摶曰：「大王聰安寬恕，人皇王之嫡長，先帝雖有壽安，天下屬意，多在大王，今若不斷，後悔無及。會有自京師來者，安摶詐以李胡死傳報，軍中皆以為信，於是安摶詣北南二王計之，北院大王洼聞而遽起曰：「吾二人方議此事，先帝之意，嘗欲以永康王為儲貳，今日之事，有我輩在，孰敢不從！但恐不白太后而立，為國啓釁。」安摶對曰：「大王既知先帝欲以永康為儲副，況永康賢明，人心樂附，……若白太后，必立李胡，且李胡殘暴，行路共知，果嗣位，如社稷何？」南院大王吼言曰：「此言是也，吾計決矣。」乃整軍召諸將，奉世宗即位。

耶律吼傳亦記吼謂宜立永康王，注然之，會耶律安摶來，意與吼合，遂定議云云，注傳亦記之。蓋太宗傾國南犯，兀欲與諸大首領皆從征，太宗崩於軍次，諸大首領，遂共推兀欲即世宗。此種推選，若就契丹舊俗說，亦可謂曰八部推選之遺。李胡與壽安，皆落選之候選者，北南大王等，即諸部首領也。太后李胡之舉兵，與剌葛之亂，其事略同。前後參照，益令人不能不信其傳襲間之保有舊俗也。通鑑記此事云：

契丹主兀欲，以契丹主德光有子在國，己以兄子襲位，又無述律太后之命，擅自立，內不自安。初契丹主阿保機卒於渤海，述律太后殺酋長及諸將幾數百人，契丹主德光，復卒於境外，酋長諸將懼死，乃謀奉契丹主兀欲，勒兵北歸，……契丹主喪至國，述律太后不哭，曰：「待諸部寧壹如故，則葬汝矣。」

此言德光有子在國，己以兄子襲位，皆溫公以漢人之心，度契丹之事，因起兵相爭者，非德光之子，亦非爲德光有子也。其值注意者，則言「諸部寧一」一點，蓋世宗此舉，尚未能經過正當手續之承認，未必爲諸部所同意。通鑑又云：

述律太后聞契丹主自立，大怒，發兵拒之。契丹主以偉王爲前鋒，相遇於石橋，……太后兵大敗，契丹主幽太后於阿保機墓。

述律太后為不贊同世宗者，故兵敗被囚。遼史察割傳云：

世宗卽位鎭陽，（太后命太弟李胡逆拒，）安端聞之，欲持兩端，（子）察割曰：「太弟忌刻，若果立，豈容我輩，……」安端卽與劉哥謀歸世宗。

安端卽通鑑所記之偉王，兀欲先鋒也。倘先有兩端之見，此種側面消息，可以透露契丹人心目中之大汗繼承，殆不同於漢俗之立長立嫡。歐五代史七三契丹附錄云：

德光死欒城，兀欲與趙延壽及諸大將等俱入鎭州，延壽自稱權知軍國事，遣人求鎭州鑰管于兀欲，兀欲不與，延壽左右曰：「契丹大人，聚而謀者洶洶……必有變，宜備之。」

此言世宗卽位之前，已有契丹大人相聚謀，當卽指洼𠮟安摶屋質等之計議，亦卽非正式（或預備）之推選會議，特此參預聚謀之契丹大人，非諸首領之全體，故而諸部未寧一。李胡舉兵，猶突欲之奔唐，因突欲擁書萬卷，只有嘆「大山無力」以為流亡天子，李胡有兵，故能舉事也。以上論世宗繼位，已見舊俗選汗之遺痕，茲再論其遇弒之經過。

世宗紀：

天祿五年九月庚申朔，自將南伐。壬戌次歸化州祥古山，……察割反，帝遇弒。

察割傳云：

帝伐周，至詳古山（卽本紀之祥古山）太后與帝祭文獻皇帝於行宮，羣臣皆醉，察割歸見壽安王，邀與語，王弗聽，察割以謀告耶律盆都，盆都從之，是夕同率兵入弒太后及帝，因僭號位……（察割之）妻曰：「壽安王屋質在，吾屬無噍類……」察割曰：「壽安年幼，屋質不過引數奴，詰旦來朝，固不足憂。」其黨矧斯報壽安屋質引兵圍於外，察割倉惶出陣，壽安遣人諭曰：「汝等既行弒逆，復將若何？」有夷離菫劃者委兵歸壽安王，餘衆望之，徐徐而往。察割知其不濟，乃繫羣官家屬，執弓矢脅曰：「無過殺此曹爾。」叱令速出。時林牙耶律敵獵亦在繫中，進曰：「不有所廢，壽安王何以興，藉此爲詞，猶可以免。」察割曰：「誠如公言，誰能使者？」敵獵請於罨撒葛，同往說之，察割從其計，壽安復令敵獵誘察割，擒殺之。

此反變之察割，卽前說其父安端以附世宗者。察割舉事之前，曾先歸見壽安王，邀與語，王弗從，而以謀告盆都，盆都從之，始行弒以僭位。則察割向壽安所言者或爲擁立壽安，未可知也。迨夫察割失勢，林牙敵獵之計曰：「不有所廢，壽安王何以興，」足見在當日之實力以及一般人心中，壽安王迨爲世宗以外最適當之人選，故世宗卽位之前，壽安李胡世宗三人同有大汗資格或機會，而世宗膺選，迨世宗遇弒，壽安遂得以候選人而補其缺。此壽安王者，卽（太宗長子）繼承世宗之穆宗也。

戊　穆宗以下之承襲

世宗以後爲穆宗，繼穆宗者爲景宗。世穆景三帝，究其系出，頗可玩味。

- (一)太祖
  - 讓國皇帝東丹王
    - (三)世宗兀欲
      - (五)景宗
        - 聖宗
  - (二)太宗
    - (四)穆宗(即壽安王)
  - 皇太弟李胡

太祖以下之四帝，乃竟輾轉於兩支。可見前論此種繼承，亦爲推選而有界限，其說蓋可相信，茲再就其實際言之：

遼史穆宗紀：

天祿五年九月癸亥，世宗遇害，逆臣察割等伏誅。丁卯，即皇帝位，羣臣上尊號曰天順皇帝，改元應曆。十一月乙亥，詔朝會依嗣聖皇帝故事，用漢禮。

二年正月，太尉忽古質謀逆伏誅。六月國舅政事令蕭眉古得宣政殿學士李澣等謀南奔，事覺，詔暴其罪。秋七月政事令婁國林牙敵烈侍中神都郎君海里等謀亂，就執。八月，眉古得婁國等伏誅，杖李澣而釋之。

十九年三月，近侍小哥盟人花哥庖人幸古等六人反，帝遇弒。

穆宗紀爲遼史本紀殘闕最甚之一卷。忽古質眉古得婁國等之伏誅，不得其詳細之罪狀，然稱曰謀亂造反，又應曆三年十月，李胡子宛郎君嵇幹敵烈謀反，事覺，辭逮太平王罨撒葛林牙華割郎君新羅等。四年正月，華割嵇幹等伏誅，宛及罨撒葛皆釋之，宛爲李胡之子，罨撒葛爲太宗第二子。皆是橫帳貴胄。耶律安摶傳曰：「穆宗即位，以立世宗之故，不復委用。」此亦少露其消息。景宗紀云：

> 景宗、世宗皇帝第二子，……旣長，穆宗酗酒怠政，帝一日與韓匡嗣語及時事，耶律賢適止之，帝悟，不復言。應曆十九年，二月戊辰，入見，穆宗曰：「吾兒今已成人，可付以政。」己巳，穆宗遇弒，帝率飛龍使女里、侍中蕭思溫南院樞密使高勳率甲騎千人馳赴，黎明，至行在，哭之慟，羣臣勸進，遂即皇帝位於柩前。

按景宗與韓匡嗣所語之時事，耶律賢適止之，景宗悟，不復言。則景宗之言，必爲不滿穆宗之語，可以推知。而穆宗即位，詔朝會依嗣聖皇帝故事，即依其父之道，世宗之朝，封人皇王曰「讓國皇帝」，此固出於人子之孝思，亦具見兩系之自相崇樹。宣府鎮志記古蹟「御莊」云：

> 耶律賢因父遇害，淪落民間，居處於此，逮穆宗受禍，國人訪賢立爲國主，作宮室於舊居之地，號曰「御莊」。

此記景宗之淪落民間，訪之立爲國主，與遼史本紀所載穆宗之言，吾兒已成人，可付以政，或爲世俗所傳訛，或爲史臣之補足，其可信之程度不大。惟穆宗遇害，立賢（景宗）繼承大位，確係事實。此段史實，果是如何演出，未必悉如本紀所記。李燾長編開寶二年：

是歲契丹主述律爲帳下所殺，……謚穆宗，……諸部首領迎立明記（景宗）。

諸部首領迎立明記，亦可釋爲推選。膺選之新汗，仍是世宗之子，此亦見比大汗繼承爲一種世選之說。尚不誣也。景宗紀保寧元年三月丙戌，太平王罨撒葛亡入沙陀。己丑，夷離畢粘木袞以陰附罨撒葛伏誅，既而罨撒葛入朝，遂進封爲齊王。罨撒葛爲太宗次子，穆宗即位之時，已有所動，故此次之逃亡與來歸，必與競爭大位有關也。因彼擁有雄厚之武力。薨後其妃所謂齊妃者，尚統其兵屯驢駒兒河，以捍韃靼。

聖宗以景宗長子，繼承大位，在位四十九年，爲大遼一代全盛之朝，曩以爲景宗與宋通和，多受漢化，薰淘習染，於是立嫡立長之法，亦行於契丹之朝矣。通檢聖宗本紀，亦無爭奪大位之事。其實不然，蓋聖宗雖以景宗長子繼承大位，然其傳襲時之不固定，亦不減於前此諸大汗。

契丹國志耶律隆運傳云：

隆運自在景宗朝，決翼庶政，帝后年少，有辟陽之幸。景宗疾亟，隆運不俟召，密召其親屬等十餘人并赴行帳，時諸王宗室二百餘人，擁兵握政，盈布朝廷。后當朝雖久，然少姻戚援助，諸皇子幼穉，內外震恐，隆運請於后，易置大臣，敕諸王各歸第，不得私相讌會，隨機應變，奪其兵權。時趙王等俱在上京，隆運奏召其妻子赴闕，景宗崩，事出倉卒，布置已定，乃集番漢臣僚，立梁王隆緒爲皇帝。帝以隆運輔翼功，前後少比，乃賜鐵券誓文。……又以隆運一族，附籍橫帳，列於景宗廟位。……改封晉王，左右護衞特置百人。北法：護衞，惟國主有之，帝以隆運勳大恩數優渥。……

按此云「景宗疾亟之時，隆運請易置大臣，敕諸王各歸第，不得私相讌會，隨機應變，奪其兵權。」具見事前之籌措；「私相讌會」可謂諸王即諸首領之預備會議或交換意見；「景宗崩布置已定」則爲隆運之廟謀成功。按耶律隆運即韓德讓，以漢人之身，立契丹之朝，既賜姓耶律，又附籍橫帳，鐵券誓文，恩禮優渥，知其非有絕大功勳，固不足以臻此。遼史本傳僅著「景宗疾大漸與耶律斜軫俱受顧命，立梁王爲帝」語，而斜軫傳且不及顧命之事，於是知當日之史實，經史臣之刪削文飾，已是面目迥殊，此特就其前後關係及流傳於南朝者，審思參証，僅得其概，無怪後之史家對於契丹史事之不明白也。聖宗之後，由興宗而道宗而天祚，對於大位繼承，皆非平靜固定，別詳遼季黨爭篇。

五　契丹之選汗與其他北方民族之推選首領

甲　契丹之選汗大會與蒙古之庫里爾台

庫里爾台為蒙古之選汗嶐會，讀史者習知其事。秘史蒙文續集，有「也客忽哩勒塔」，「也客」，此言大也；「忽哩勒塔」即庫里爾台，此言集會也。日本箭內亘撰蒙古庫里爾台之研究，凡集中西史料論証其事，結論有云：

庫里爾台者，乃定蒙古君主時，欲避有權力者之獨斷，而委以多數人之選擇，冀棄一人之私情，而遵天下之公論，不承認所謂父子世襲或長子相續之制者也。……此種選擇制度，果為原始國家所固有之者否，雖不可知，但徵於合不勒以來之事實，被擬為皇帝者，必為蒙古之皇族，未聞指一牧羊者、牧馬者、為蓋世英雄者，且以由前君主諸子中，認是最適當而選舉之為慣例，蓋以一定之門閥為條件外，全以人物為本位，故被選為蒙古君主者，必為蒙古王公中最有力者。

按蒙古選汗之集會，因現所存史料，較為完備，箭內之議論，大體與事實符合。惟未深切明瞭此制度之淵源與精神，是為遺憾。蓋蒙古庫里爾台之選汗，猶契丹之八部推選也。蒙古怯薛猶契丹之世選官吏也。

趙翼遼官世選之例末云：

按遼之世選官，與元時四怯薛相同，如木華黎子安童哈剌哈孫累世皆為宰相，阿魯圖自言：「我博爾木後裔，豈以丞相為難得耶！」是元時丞相，多取怯薛之家，與遼之世選宰相，大略相同也。

世選官吏，為推選大汗之縮影，元代丞相之選自怯薛，可謂為庫里爾台之具體而微者。元姚燧牧菴集廿四譚公神道碑云：

國初爲制，皆世其官，父死子繼，兄終弟及，或父兄存將傳子弟者亦惟命。

是則元初之世官，本有兄終弟及之法，不專父子傳繼一端，亦可謂曰世選。蒙古之庫里爾台於選汗外，如對外之交戰，亦爲會中之討論項目，將於次節論之。蓋契丹蒙古，初皆草居野處，當其氏族社會之時代，一切簡質，族長即首領，其共主之地位，原不甚重，故由八部共推或即第名更代，皆有可能。迨由簡而繁，即由氏族進爲部落社會，已不能八部共推，無所軒輊。及由部落漸漸進入國家，則強弱兼併之意更顯，而大汗自不能第名更代矣。契丹自大賀遙輦以至耶律，蒙古自俺巴孩以下，皆略當於此階段，故由各部共推而有限制，即各部中最強大之一部，或即由其所服屬之各部首領爲推選者，而候選者則不能屬於弱小之部，遼自阿保機以至聖宗（或遼末），元自世祖以至元末，則皆緣飾舊俗以牽合漢法，故雖父子繼承，仍不能悉脫於舊俗痕跡。此後進民族之追逐漢化，兩種文化靡合之遺跡也。惟元以幅員遼闊，故元初於舊之庫里爾台，因實際關係，不能不有所增益，即更加完密，其後始行漢化，遼則於舊傳集會，未須廣大增益，即漸次步入漢化，是其不同也。此元之庫里爾台，較遼之選汗大會所以更爲完密複雜之故。

乙　烏桓鮮卑推舉大人之事例

三國魏志烏桓傳裴注引魏書云：

常推慕勇健能理决鬬訟相侵犯者爲大人；邑落各有小帥，不世繼也。

是則由其大人以至小帥，皆用推選方法產生。大人可視爲酋首，小帥可比同官吏，而此種推選，不能想像其爲毫無限制之單純選賢，則其事與契丹略同也。

又魏志鮮卑傳裴注引魏書云：

檀石槐長大勇健，智略絕衆，年十四五，異部大人卜賁邑鈔取其外家牛羊，檀石槐策騎追擊，所向無前，悉還得所亡，由是部落畏服，施法禁曲直，莫敢犯者，遂推以爲大人。

按檀石槐以勇健賢能而被推選，後繼者，仍是檀石槐系統下人物，於是知烏桓鮮卑之推舉大人，殆與契丹之推選大汗爲同樣辦法。

丙　滿清之推選首長說

孟森撰八旗制度考實（中央研究院歷史語言研究所集刊第六本第三分）云：

八旗者，太祖所定之國體也，一國盡隸於八旗，以八和碩貝勒爲旗主，旗下人謂之屬人，屬人對旗主有君臣之分。八貝勒分治其國，無一定君主，由八家公推一人爲首長，如八家意有不合，即可易之，此太祖之口定憲法。

設無大誤，則滿清入關以前，亦有一段類似或大體相同之經過。惟此謂曰「太祖所定之國體」，「太祖之口定憲法」者，似不若謂其爲沿襲北族之傳統辦法爲更切實。即令是太祖口定，在其定此辦法之前，亦必有北族傳襲辦法之傳說先存於其意識中者爲之根據。

右論北方諸族之推選首領如蒙古與烏桓鮮卑乃至滿清，較之契丹之推選大汗，多能相合。史記匈奴傳曰：「匈奴諸大臣皆世官，呼衍氏、蘭氏、其後有須卜氏，此三姓，其貴種也。」（漢書匈奴傳同）此匈奴之世官，當不能如中原之立嫡立長，然則謂曰世選似無不可也。

附　契丹之大汗推選與「堯舜禪讓」

「唐虞讓禪」，國史上傳爲美談，魏氏春秋（三國魏志文帝紀裴注引）始疑其不然，劉知幾史通疑古篇亦非之。護道者羣言責劉，爭誦禪讓之美，宋劉恕論「月正元日舜格於文祖，是堯崩距年事。不待三年之喪畢。」其斥孟子甚明，且罪孔安國仍孟氏之謬。晁說之嵩山集十四有中劉一篇，更就道原遺意推論之，不信孟子所言之禪讓。是禪讓之實，積若干史家之努力，已露曙光，脫於經生之拘泥。清光緒夏曾佑撰中國歷史，其第一章有堯舜政教一目，論曰：

按中國天子之位，自有可考以來，並係世及，前乎唐虞者，庖羲神農黃帝少昊顓頊，後乎唐虞者，夏商周秦漢以迄今，皆世及也。惟唐虞介乎其間獨以禪讓聞，於是論者求其故而不得，率以臆見解之，有以爲皆天意者（孟子），有以爲鄙夷大寶而去之者（莊子），有以爲與後世篡竊無異者（劉知幾史通），有以爲即民主政體者（近人）。按一二兩說，未免太空。劉知幾說，以小人待天下，未可爲訓，近人說亦不合（民主必有下議院，而帝典無之，且列代總統，豈能全出一族，如堯舜禹者。），求其近似，大約天子必選擇於一族之中（必黃帝之後），而選舉之權，則操之岳牧（四岳十二牧），是爲貴族政體。近世歐洲諸國，曾多有行之者，而中國則不行已久，故疑之也。

夏氏所論，實爲近似，今以研求契丹蒙古之傳襲方法，共資參比，益覺此說之可信。按天子必擇於一族之中，而由岳牧推舉之，正與契丹推舉大汗之方法一致，選賢而有界限，亦可擬曰世選也。惟此種推選，事實上，亦必有武力爲後盾（特別是晚期），並非純粹擇賢。故劉知幾之議論，實有未盡，然其意亦未可全廢也。近人關於殷人兄終弟及或傳子之說，頗有聚訟。愚於古史不敢提供意見，倘釋殷人之法爲世選之遺，可乎？

六　選汗大會與議政之會

部落時代，事簡俗樸，所謂軍國大事者未甚多，則會期自無須過勤，推選共主（即總首領或大汗）之時，亦可附帶議政，議政之會，亦即可以討論共主問題，正不必有固定之會期與區別也。迨後愈趨統一，事愈繁複，統一之形式或規模漸成，大汗之威勢亦漸重，勢愈大而位益尊，大汗推舉，遂有競爭，即以實力之限制，而爲強者所據，不復如往昔會議之簡樸單純。軍國之事既多，故不能不於選汗大會之外，另有議政之會，此自然演進之跡，由一元而兩元者也。

隋書八四契丹傳：「有征伐，則酋帥相與議之，興兵動衆，合符契。」舊唐書百九九契丹傳：「若有征伐，諸部皆須議會，不得獨舉，獵則別部，戰則同行。」此初期議政集會也。歐五代史附錄亦記此種會議曰：「其大會聚，視國事。……」至建國以後，如太宗紀天顯五年二月辛酉，召羣臣議軍國事之會，似有大汗問題外，其六年三月辛未，召大臣議軍國事，七年七月丙戌，召羣臣耆老議政，皆謂此種會議也。其後則議政之會，例於冬夏舉行。遼史九三蕭惠傳云：

（重熙）十九年（惠）請老，詔賜肩輿入朝，策杖上殿，辭章再上，乃許之。封魏國王，詔冬夏赴行在，參決疑議。

又天祚紀載耶律淳事云：

乾統六年，拜南府宰相，首議制兩府禮儀，上喜，徙王魏。其父和魯斡薨，即以淳襲守南京，冬夏入朝，寵冠諸王。

此蕭惠之冬夏赴行在參決疑議，與耶律淳之冬夏入朝，皆謂出席議政之會。蓋契丹民族，畜牧畋獵，隨陽遷徙，俗固然也。金史九六梁襄傳載襄諫幸金蓮川之疏，有曰：

往年遼國之君，春水秋山，冬夏捺鉢，舊人猶喜談之，以爲眞得快樂之趣。

大金國志十一熙宗紀：

皇統三年秋七月，諭尙書省，將循契丹故事，四時游獵，春水秋山，冬夏刺鉢。

刺鉢，捺鉢，即行在之意。其事詳禮俗篇。春水秋山，從事游獵，繼游獵之後，夏冬爲議政之會。遼史營衞志云：「遼國盡有大漠，浸包長城之境，因宜爲治，秋冬違寒，春夏避暑，隨水草，就畋漁，歲以爲常，四時各有行在之所，謂之捺鉢。」此撰史者之序論也。檢其下列春夏秋冬捺鉢，記皇帝一年行止，則知捺鉢之眞義所在，殆專指冬夏而言，其夏捺鉢云：

四月牙帳卜吉地爲納涼所，五月末旬六月上旬至，居五旬，與北南臣僚議國事，暇日游獵，七月中旬乃去。

又冬捺鉢云：

廣平淀……冬月稍暖，牙帳多於此坐冬，與北南大臣會議國事，時出校獵，講武，兼受南宋及諸國禮貢。

其春秋則但記漁獵之事，夏冬則坐而議政，此實源於兩地住息之俗，別於京邑篇言之。春水秋山，與冬夏捺鉢，性質上不同，故冬曰坐冬，而夏曰坐夏。坐冬之目，冬捺鉢下已言之。坐夏之目，見梁襄諫疏，金史愛申傳，以非本論主旨，不詳論。今論冬夏會議，實契丹軍國大政所由裁決，故蕭惠雖再三請老，仍不能不出席此議政之會，耶律淳以皇叔留鎮南京，亦不能不於冬夏入朝，即參與會議。此冬夏大會，正猶匈奴之龍廷大會，自有其歷史淵源，初與選汗大會無別也。遼史八六劉六符傳云：

道宗即位將行大册禮，北院樞密使蕭革曰：「行大禮，備儀物，必擇廣地，莫若潢川。」六符曰：「不然，禮儀國之大體，帝王之樂，不奏於野，今中京四方之極，朝覲各得其所，宜中京行之。」上從其議。

蕭革與六符之爭論，最足代表兩種觀念：北面的與南面的或契丹看法與漢人看法。道宗之世，建國已歷二百年，其存於契丹人心者，仍非漢人廟堂之雅，而所樂者爲廣地，此事就傳文觀之「上從其議」，似當行禮於中京，然實行禮於永興甸，其本色蓋可知矣。

七　結論

契丹之大汗推選，史存其說。讀史者亦多以傳說視之，莫得究竟，參互稽考，猶可概見。一曰柴册之儀節，存其形式；一曰官吏之世選，存其精神。參以建國後之汗位爭潮，以見蛻變之實際，連類比觀，正韓非所謂「絕辭古之天子，難去今之縣令。」厚薄之實不同，亦即由簡而繁之經過也。關於世選者，可視世選之官，爲一小型之可汗。柴册之儀，如番語問答之「我不是的皇帝」，「你的是皇帝」等句，仍存契丹語法，活躍可見。此兩端，雖未必悉同於舊日選汗之會，證以汗位之爭，如前所論各事剌葛之亂人皇讓國等，若以舊俗釋之，頗能通解。其間消息，雖亦多尋自遼史，然與遼史之正面記載則不合，試純以正面求之，則不能釋其矛盾，故得利用其矛盾與相合，別構假設，求一可能之通解。執此以較北方諸族之習俗，如烏桓鮮卑之推選大人，蒙古之庫里爾台，皆大體相似。且契丹軍國大政，皆由冬夏會議之裁決，亦略見其舊俗之梗概。通鑑嘗記太宗德光之言，每誇中國事彼皆知之，彼國之事內地人不知。又記其召晉百官集於庭，爲言「中國之俗，異於吾國。」契丹之俗，實不盡同於當日之內地，惟選汗辦法，內地古史嘗有之，固德光所不知，而讀史者亦未注意此事之南北相同也。

第五篇　阿保機建國之基礎及其政策

一　引言

耶律氏之建國，世人或有論之，率以為阿保機以契丹鐵騎，四向用兵，有如摧枯拉朽，遂建帝國。遼史亦言「太祖匹馬一麾，斥地萬里。」是誠然矣。至其所以然之故，則尠有論之者，謹以管見所及，論其建國之基礎，開國初期，兵馬倥傯，對於內外之統治應付即其政策方面，又果何如，亦是契丹史上重要之一段，因並論之。

二　唐代河北及唐廷之河北政策

李唐一代，人每譽為文治武功極燦爛之盛朝，然夷考其實，有未盡恰，今就與本論相關涉之點，剌取一二，以見其實，則於契丹史事之解釋，更為深切明白。

舊唐書百七二牛僧孺傳：

（太和）五年正月，幽州軍亂，逐其帥李載義，文宗以載義輸忠於國，遽聞失帥，駭然，急召羣臣，謂曰：「范陽之變奈何？」僧孺對曰：「此不足煩聖慮，且范陽得失，不繫國家休戚，自安史以來，翻覆如此，前時劉總以土地歸國，朝廷耗費百萬，終不得范陽尺帛斗粟入于天府，尋復爲梗。至今日誠亦由前也。載義（以上據百衲本、同文等本皆作「至今志誠亦由前載義也」。）但因而撫之，俾扞奚契丹，不令入寇，朝廷所賴也。假以節鉞，必自陳力，不足以順逆治之。」帝曰：「吾初不詳思，卿言是也。」即日命中使宣慰。（新唐書百七四牛僧孺傳略同。）

此事又載於同書百八楊志誠傳，所記更爲活現，其言曰：

（楊志誠）太和五年爲幽州後院副兵馬使，事李載義，時朝廷賜載義德政碑文，載義延中使擊鞠，志誠亦與焉，遂於鞠場叫呼謀亂，載義奔於易州，志誠乃爲本道馬步都知兵馬使，文宗聞之驚，急召宰臣，時牛僧孺先至，上謂曰：「幽州今日之事，可奈何？」僧孺曰：「此不足煩聖慮，臣被召急趨，氣促，容臣稍緩息以對。」上良久曰：「卿以爲不足憂何也？」僧孺對曰：「陛下以范陽得失，繫國家休戚耶？且自安史之後，范陽非國家所有，前時劉總向化，以土地歸闕，朝廷約用錢八十萬貫，而未嘗得范陽尺帛斗粟，上供天府，則今日志誠之得，猶前日載義之得也。陛下但因而撫之，亦事之宜也，且范陽國家所賴者，以其北扞突厥，不令南寇，今若假志誠節鉞，惜其土地，必自爲力，則爪牙之用，固不計於順逆，臣固曰不足煩聖慮。」上大喜曰：「如卿之言，吾洗然矣！」

此段事實，實予吾人三層重要消息，今以次論之。

一曰唐廷之河朔政策。

牛氏時爲兵部尚書平章事，在唐廷之重要可知，文宗於驚駭之下，問曰：「可奈何？」牛氏則曰：「范陽得失，不繫國家休戚。」列敘河北情況（即安史之後，范陽非國家所有。）以後，文宗釋然大喜。樊曰：「卿言是也。」僧孺所云：「今志誠亦由前載義也，但因而撫之，俾扞奚契丹，不令入寇。」不啻說明李唐對於河北之採取此種政策，不僅文宗一朝，不僅安史亂後。蓋以（一）安祿山之勢力，實由契丹而養成。（二）契丹盡忠之叛唐又爲安祿山之先軌也。別詳唐宋兩代河北政策之異趣，茲不贅。

二曰唐中葉後之河北情形。

唐時之河朔情況，即非國家（唐廷）所有，牛氏之言不誣，宋時仍知其實，晁說之嵩山集二靖康元年應詔封事，即有「或爲唐自安史之後，河北遂非朝廷所有」之言。姑徵其例以供參考：

舊唐書張泊傳曰：

王士眞死，其子承宗，以河北故事，請代父爲帥。

「河北故事」，兩唐書中屢見之，故事二字，最可注意。蓋河北故事者，即世襲諸鎮，不輸朝廷貢賦，不受朝廷徵發。（此爲胡氏通鑑注之解。）亦即隱然獨立，正牛氏所謂非國家所有之意。留此區域內之契丹人，如孫孝哲一流者，其數目固不在少，即仕於長安之契丹人，亦當可觀，如李光弼王武俊（唐書並有傳）之輩。

舊唐書百二四史臣於傳末論曰：「自安史亂離，河朔割據，雖外尊朝旨，而內蓄姦謀。」此就地方長吏言之也。若地方士風，則慷慨悲歌，自古已然，且久經安史一流之雜胡割據，上行下效，積成習俗，舊唐書百八〇朱克融等傳末有史臣論曰：

彼幽州者，其民剛強，近則染祿山思明之風，二百餘年，自相崇樹，雖朝廷有時命帥，而士人多務逐君，習若忘非，尾大不掉，非一朝一夕之故也。

新唐書二百十藩鎮傳序曰：

遂使其人由羗狄然，訖唐亡百餘年，卒不爲王土。

此等議論，殆非專就長吏言，至其事例，如牙兵之盛，實仿自「頭下」私甲之俗，而士風尚騎射，習武事，尤是屢見記載，此固由於自古之尚義好俠，亦當由於薰染胡風，晁說之所謂「前有太子丹荊軻之風，後習安祿山史思明之態。」正謂此也。神明華胄，不能用夏變夷，然胡風之盛，不得隱諱，故河朔區域，名義上，雖屬大唐，而實際之政治文化，似已不能黏着一體，此殆由於一種空間的隔離與一種時間的習慣之養成。牛僧孺所謂「范陽非國家所有者」，蓋實情也。

三曰唐廷所以行此政策之故。

唐廷對於河北，何以採取「因而撫之」之政策，亦正如牛氏之言「但令扞禦奚契丹，不使入寇，朝廷之所賴也。」

舊唐書奚傳云：

故事：嘗以范陽節度使，爲押奚契丹兩蕃使。

通唐一代，北方時有邊患，突厥盛時，奚契丹皆服屬之，（唐高祖初起時，亦曾稱臣求援於突厥。）故僧孺傳云：「北扞契丹」，而志誠傳云：「北扞突厥」也。奚契丹之爲唐患，並不減於突厥回鶻，舊唐書百八五宋慶禮傳云：

初營州都督府置在柳城，控帶奚契丹，則天時，都督趙文翽政治乖方，兩蕃反叛，攻陷州城，其後移於幽州東二百里漁陽城安置，開元五年，奚契丹各款塞歸附，玄宗欲復營州於舊城，乃詔慶禮等更於柳州築營州城。

可見當日之邊患與唐廷之被動地位，其後又以平盧節度范陽節度管押奚契丹兩蕃，然意存安輯，不能大張打伐，豈不以高麗用兵，勞多功少，而吐蕃強大，密邇長安，又爲朝廷之大患耶。故於河北節鎮，但能外抗兩蕃，實朝廷之願望，此安祿山之所以坐大，而牛氏所以比志誠於載義者也。（陳寅恪先生唐代政治史述論稿謂自安史亂後，河北藩鎮爲獨立團體，其政治軍事財政與中央政府實際上無隸屬關係。與牛氏之言正合。）

右三點，皆因牛氏之應對，而予吾人以深切瞭解，明乎此，再進而論契丹。

隋唐之際，突厥勢盛，北方諸族，如室韋奚契丹等皆服屬之，各置吐屯以爲監理，迨突厥衰微，回鶻乂起，奚契丹皆有回鶻監護使，督以歲貢，仍如突厥之置吐屯，監護使之名，見舊唐書張仲武傳，爲漢義之名，回鶻名號，疑仍作吐屯。遼史世表云：

契丹王屈戍，武宗會昌二年，授雲麾將軍幽州節度使，是爲耶瀾可汗。張仲武奏：「契丹舊用回鶻印，乞賜聖造。」詔以「奉國契丹」爲文。

按此與事實少歧。屈戍但授雲麾將軍，並未授幽州節度使，蓋幽州節度使張仲武奏請易印，因致舛文。

三　迭剌部之漢化及其與契丹草原之關係

今就契丹與突厥回鶻之關涉，藉以略窺契丹文明之因素，至於契丹武力，自隋以來，爲中原之患，當其內附之時，朝廷則因酋授官，雖設監押，有名無實，偶一反變，即成國家大難，如萬歲通天中之契丹首領李盡忠，背唐獨立，號曰無上可汗，連敗婁師德等討伐之大軍，終以奚突厥之力，始殺其勢，中原遂大慶國難解除，改元「神功」，此就兵馬言，已見其聲勢之驚人，至其何以能有如此雄厚之武力，亦自有故，今論回鶻衰微以後之契丹，漸成朔漠之主人。唐末阿保機統領下之迭剌部，已非無上可汗盡忠統領下之舊面目，更遠非元魏周隋時代之契丹，乃是契丹外緣之新國，此新國乃草原游牧與耕墾間雜之區域也。

歐五代史七二契丹附錄云：

是時劉守光暴虐，幽涿之人，多亡入契丹，阿保機乘間入塞，攻陷城邑，俘其人民，依唐州縣置城以居之，漢人教阿保機曰：「中國之王無代立者。」由是阿保機益以威制諸部，而不肯代。

遼史地理志東京道：

神册四年葺遼陽故城，以渤海漢戶建東平郡為防禦州……河朔亡命，皆籍於此。

胡嶠陷遼記云：

至上京，所謂西樓也。西樓有邑屋市肆，交易無錢而用布，有綾錦諸工作宦者翰林伎術教坊角觝秀才（秀才、遼史引作儒。）僧尼道士等，皆中國人，而并汾幽薊之人尤多。

據此，可見阿保機時代，漢人亡命契丹者之多。關於此等亡命北流之事，諸史頗有記載。趙至忠虜廷雜記云：

有韓知古韓穎康枚王奏事王郁皆中國人，共勸太祖不受代。

韓知古遼史有傳。神册初總知漢兒司事，曾與康默記將漢軍征渤海。地理志又有韓知方，知方、知古，若非歧誤，當是弟兄行也。此固不煩細論，因其功業之不足見於史乘，或以史料散佚而缺漏者，又不知有若干，此所舉者，不過若干人中之代表。

後唐明宗實錄云：

莊宗未即位，盧文進王郁相繼入遼，皆驅率數州士女，爲虜南藩，教其織絍工作，中國所爲，虜中悉備，契丹所以強盛侵凌中國者，以得文進郁之故也。

遼史太祖紀：

神册六年冬十月癸丑朔，晉新州防禦使王郁以所部山北兵馬內附。

遼史 七五 王郁傳：

郁，京兆萬年人，唐義武節度使處直之孼子……神册六年送款，舉室來降，太祖以爲養子，……天贊三年秋，郁及阿古只略地燕趙，攻下磁窯務，從太祖平渤海，有戰功。

又遼史 七四 韓延徽傳云：

延徽字藏用，幽州安次人，……攻黨項室韋，服諸部落，延徽之籌居多，乃請樹城郭，分市里，以居漢人之降者，又爲定配偶，教墾藝以生養之，以故逃亡者少……太祖初元，庶事草創，凡營都邑建宮殿，正君臣，定名分，法度井井，延徽力也，爲佐命功臣之一。

韓延徽之輩，以漢人之身，乃爲契丹攻城略地，又爲之安輯流亡，故來者不返，草萊遂得以開闢。顧此實是當日風氣，讀史者，不能以一二人之特殊原因，遂忽略其時代潮流，輯本辥史稱曰：「劉守光末年苛慘，軍士亡叛，皆入契丹。」又曰：「其邑曰西樓，城…南別作一城，以實漢人，城中有佛寺三，僧尼千人。」蓋此輩流入契丹之漢人，即並僧尼在內，皆與內地政治慘苛有直接關係，其中一部分傑秀的亡命之輩，則爲不得志於幽薊者，此輩不得志於幽薊而逃入契丹之人，亦正如由長安以逃入幽薊。蓋唐廷即長安政府，已視河北不繫國家休戚，但令扞禦奚契丹，不使入寇，而河北（特別是安史以後。）非國家所有，在政治上或社會方面，乃是：

（一）隱然自爲一勢力。

（二）此勢力中，胡風甚熾。

（三）士大夫之不得志於長安者，「鬱鬱適茲土。」（語見韓昌黎集送董召南遊河北序。）

形成一種特殊地帶，質言之，即河北特區。而此特區之人，又多逃亡以入契丹，如波浪之相逐迫。阿保機又廣招漢人，以發展其頭下城，更有驅率數州以入契丹者，本可自成一小集團，在阿保機視之，直以爲其一部落，即自成一大首領或一頭下。故阿保機之迭剌部，實際上，已自造成草原外緣之新區域，此區域，爲極富漢風之契丹，猶如河北之爲極富胡風之大唐，故迭剌部對於契丹草原之情形則是：

（一）自爲一勢力。

（二）此勢力中，漢風甚盛。

（三）士大夫之不得志於河北者，多投入此區。

阿保機建號年月，舊史所記者，頗不一致，通鑑考異引紀年通譜云：「舊史不記阿保機建元事，今契丹中有曆日通紀百二十年，臣景祐三年冬，北使幽薊，得其曆，因閱年次，以乙亥爲首，次年始著神册之元……阿保機稱皇帝，前史不見年月，莊宗列傳契丹傳在莊宗即帝位李存審守范陽後；漢高祖實錄唐餘錄皆云阿保機設策併諸族遂稱帝，在乾寧中，劉仁恭鎭幽州前；薛史在莊宗天祐末。」阿保機稱帝年月，無涉本論主旨，今考各家之異說何以致歧，其原故不一，而阿保機之早已自爲一勢力，實爲傳說致歧之主因。

遼史太祖紀贊曰：

懿祖生勻德實，始敎民稼穡，善畜牧，國以殷富，是爲玄祖。玄祖生撒剌的……是爲德祖，即太祖之父也。……德祖之弟述瀾，北征于厥室韋，南略易定奚霫，始興板築，置城邑，教民種桑麻，習組織，已有廣土衆民之意，而太祖受可汗之禪，遂建國。

勻德實即阿保機之祖，述瀾爲太祖伯父，此言德祖之弟，與紀表不合。今就此段叙說，可知太祖之祖勻德實時，漸有稼穡。太祖伯父述瀾之時，漸有板築。此種稼穡板築之事，固不必是契丹人任其役，然契丹域內，最低迭刺部所統轄之域內，已有漢人文明。阿保機治下之於遙輦契丹或契丹草原，亦正如河北特區之於長安。政治文化上，已另自樹一幟，而阿保機旗幟下之契丹——迭刺部，與河朔之關係，又爲極度接近，或即二而一之情勢。有謂漢人服事虜廷，譏以民族意識之淡薄，而不知其所以淡薄之故，寧爲好學深思之論耶。

唐於河北，固無可如何，而遙輦契丹於此新區域，即阿保機所領導之區域，亦無可如何。終之阿保機遂代遙輦（契丹）而起，南下幽薊，以奠定耶律氏二百年之基業。

右明阿保機所以得建國之故，非徒以糾糾英雄或三二傑秀漢人之匡輔，而實以當時之內因外緣，大勢所趨，殆有民族文化之雙重基礎。此爲舊日史家所未注意，亦即本論所欲揭發之覆也。

四 頭下城之設置與番漢羼合

阿保機既以其特區代遙輦，遂更外向用兵，創爲新國，建耶律氏之政權。開女眞蒙古之先導，究其當日之政策，最要者，即發展其特區之特性，一新舊日之景色，使此新興之契丹，不能重返於大賀遙輦之舊，是故由於時代環境之促成，而阿保機之倡導，實足以使之加速進展。

前論所謂特區者，即幽薊亡命之居留，致成極富漢風之新區，阿保機於此既富漢風之區域，又擄漢人以益之，以致更富漢風。茲就遼史地理志所著者，錄之如左，不謂盡於此也。

一　臨潢縣　太祖天贊初南攻燕薊，以所俘人戶，散居潢河之北。

二　樂郊縣　太祖俘薊州三河民，建三河縣，後更名。

三　靈源縣　太祖俘薊州吏民，建漁陽縣，後更名。

四　祺　州　太祖以檀州俘於此，建檀州，後更名。（金史作祺州）

五　慶雲縣　太祖俘密雲民於此，建密雲縣，後更名。

六　惠　州　太祖俘漢民數百戶於兔麛山下，創城居之。

七　澤　州　太祖俘蔚州民，立寨居之，採煉陷河銀冶。

八　興中府　太祖平奚及俘燕民將建城，命韓知方擇地，乃完葺柳城，號霸州彰武軍節度使。

九　興中縣　太祖掠漢民居此，建霸城縣。重熙中更名。

十　長泰縣　本渤海國長平縣民，太祖伐大諲譔，先得是邑，遷其人於京西北，與漢民雜居。

十一　定霸縣　本扶餘府強師縣民，太祖下扶餘，遷其人於京西，與漢人雜處，分地耕種。

十二　潞　縣　本幽州潞縣民，天贊元年，太祖破薊州掠潞縣民布於京東，與渤海人雜居。

十三　懷　州　太宗行帳放牧於此。天贊中從太祖下龍泉府，俘其人，築寨居之。

十四　龍化州　唐天復二年，太祖爲迭刺部夷離菫，破代北，遷其民建城居之。

十五　龍化縣　太祖東伐女直，南掠燕薊，以所俘建城置邑。

十六　巖　州　太祖平渤海，遷漢戶雜居興州境。

以上所記，皆太祖阿保機時代遷入之漢民，又陷遼記云：「過衞州，有居人三千餘家，蓋契丹所擄中國衞州人，築城而居之。」陰山雜錄曰：「梁滅，阿保機帥兵直抵涿州，時幽州安次潞三河漁陽懷柔密雲等縣，皆爲所陷，俘其民而歸，置州縣以居之，不改中國州縣之名。」總其數量可以想見。然阿保機對於其民族固有精神。又似甚注意，可由以下二事徵之：

（一）　阿保機能漢語，但絕口不道於部人。

輯本薛史契丹傳云：

按巴堅善漢語，謂（姚）坤曰：「吾解漢語，歷口不敢言，懼部人效我，令兵士怯弱故也。」

歐五代史契丹附錄亦記阿保機言：

吾能漢語，然絕口不道於部人，懼其效漢而怯弱也。

此事爲姚坤所親歷，故得見於中原記載，就姚坤所記與阿保機之問答，並是直接對話，不言有譯者。姚坤所記：「阿保機善漢語，謂坤曰」云云，且姚坤所記之對談中，尚雜有一契丹語「朝定」。（漢義朋友。）可知阿保機確能漢語。即就其接近漢人之環境說，亦不難諳通漢語。

契丹文字，有以回鶻字母拼寫契丹語之契丹小字；有以漢隸增損而成之契丹大字。皆由阿保機時製定，其事別詳。

（二）　自製契丹文字。

阿保機能漢語而不肯對部人道漢語，又自製文字，此種見識或作法，似當寓有深意。

阿保機之治下，大多數之漢民包括流入與俘擄。當是從事稼藝。契丹人則從事攻伐或游牧，故當日之契丹境內，爲營帳與城寨相錯，以形成雜居狀態，其雜居情形，且不僅於此，北風揚沙錄云：

阿保機乘唐衰亂，開國北方，吞諸番三十六，女眞其一焉。阿保機慮（虛）女眞爲患，乃誘其強宗大姓數千戶，移置遼陽之南，以分其勢。使不得相通，遷入遼陽著籍者，名曰「合蘇款」。

是當日之遷徙雜居，有融化防範之雙重作用，其範圍亦不拘於漢民，如長泰縣龍化州及此合蘇款之例。此種辦法，固阿保機之巧妙運用，但就其頭下之結爲私屬關係看，殆亦擄獲爲奴之遺法。另一面，關於漢人流入草原之事，徵之前史，亦有先例，皆以中原無政，逃死求生。漢末中原亂離，袁紹據有河北，漢人多寄於軻比能之治下，教之作兵器鎧盾，鮮卑因以益盛；永嘉之亂，晉室播遷，慕容氏據有遼西，更多努力於漢人之收容。晉書百〇八慕容廆載記云：

時二京傾覆，幽薊淪陷，廆刑政修明，虛懷引納，流亡士庶，多襁負歸之，廆乃立郡以統流人。冀州人爲冀陽郡，豫州人爲成周郡，青州人爲營丘郡，幷州人爲唐國郡，於是推舉賢才，委以庶政，以河東裴嶷、代郡魯昌、北平陽耽爲謀主，北海逢羨、廣平游邃、北平西方虔、渤海封抽、西河宋奭、河東裴開爲股肱，渤海封奕、平原宋該、安定皇甫岌、蘭陵繆愷以文章才儁，任居樞要，……平原劉讚，儒學貫通，引爲東庠祭酒，其世子皝率國冑束脩受業焉。

此漢人之流於慕容者，不但其數量可觀，就質而言，亦可謂人才濟濟。晉書百〇九慕容皝載記云：

罷成周冀陽營丘等郡，以渤海人爲興集縣，河間人爲寧集縣，廣平魏郡人爲興平縣，東萊北海人爲育黎縣，吳人爲吳縣，悉隸燕國。

凡此，並是不屬州郡。皆漢人流入草原之前例。至草原人之待漢人者，率爲虛懷接引。温公通鑑記其事云：

其語鮮卑曰：「漢民是汝奴，夫爲汝耕，婦爲汝織，輸汝粟帛，令汝溫飽。」

可見其虛懷招致之故，自有用心，即以之担負國家經濟方面之責任。昔嬴秦招致六國之人，以事耕植，而使秦人應敵於外。慕容強燕，或不必師其遺意，慕容之所爲，乃適爲耶律之先例，此種前後如出一轍之事，或不必出於效法，而是感於實際之需要。特別是技藝人，爲游牧草原所需，故更覺珍貴。阿保機當時，在內有流人支持其經濟，在外有部人以供馳驅，所以富而又强，得以用兵拓土也。域內之人，既有大量漢人之羼入，自然使受治者變質，不復如以往之游牧單純，而變成一種蕃漢雜居之狀態。禮俗條法，殊難一致，其加速融化之術，即以舊俗漢法，取相羼合。遼史七四韓知古傳云：

韓知古薊州玉田人，……神冊初，……總知漢兒司事，兼主諸國禮儀，時儀法疏闊，知古援據故典，參酌國俗，與漢儀雜就之，使國人易知而行，頃之，拜左僕射，爲佐命功臣之一。

又康默記傳云：

康默記本名照，少爲薊州衙校，太祖侵薊州得之，愛其材，隸麾下，一切蕃漢相涉事，屬默記折衷之，悉合上意，時諸部新附，文法未備，默記推析律意，論決重輕，不差毫厘，罹禁網者，人自以爲不冤，……神冊三年，始建都，默記董役，人咸勸趨，百日而訖事。

關於儀禮法制，皆以此種羼合政策行之，即蕃漢混合。阿保機以番漢羼合處理其國內，但所謂「蕃」之範圍，則不僅契丹本族，而包奚羽厥室韋等在內，蓋統合游牧民族而言。奚羽厥室韋等族，就契丹說爲族外，對漢而言則皆蕃，是內外之內中，仍有內外，層層相疊。尙有較此爲更密者，如耶律族系之分別，別詳橫帳與庶耶律。

五 強幹弱枝之努力與奚渤海之制馭

耶律庶箴傳云：

上表乞廣本國姓氏曰：「我朝創業以來，法制修明，惟姓氏止分爲二，耶律與蕭而已，始太祖製契丹大字，取諸部鄉里之名，續作一篇，附於卷末，臣請推廣之，使諸部各立姓氏，庶男女婚媾，有合典禮，帝（道宗）以舊制，不可遽釐，不聽。

可見太祖製字之時，雖因鄉里之名，已製專字，或竟已命姓氏，但實際施用，仍是耶律與蕭。且大賀遙輦，亦包於耶律以內。考其統括不分之故，若謂安於習慣，而大賀遙輦，乃不仍其舊，故此種辦法，似是寓有混一團結之作用。然於部族實力，則注意分化，以便控馭，太祖紀：

天贊元年冬十月甲子分迭剌部爲二院，斜涅赤爲北院夷離堇，綰思爲南院夷離堇。詔分北大濃兀爲二部，立兩節度使以統之。

按迭剌部與北大濃兀之分部，正是分化政策之實例。此種分化，與漢文帝之分齊地與城陽王濟北王，殆同一理，支分愈多，則其反抗中央之力愈小，適成反比例。弱枝即所以強幹也。

逆臣轄底傳云：

將刑，太祖謂曰：「叔父罪當死，朕不敢赦，事有便國者，宜悉言之。」轄底曰：「迭刺部人衆勢強，故多爲亂，宜分爲二，以弱其勢。」

又耶律曷魯傳云：

太祖臨視，問所欲言，曷魯曰：「惟析迭刺部議未決，願亟行之。」

是轄低曷魯先後爲此分化政策之提示，以冀化強爲弱變整爲零。營衛志云：

太祖以迭刺部強熾，析爲五院六院。

又曰：

天贊元年以迭刺部強大難制，析五石烈爲五院，六爪爲六院，各置夷離菫，會同元年，更夷離菫爲大王。

此分迭刺部之事。兵衛志云：

以戶口滋繁，糺轄疎遠，分北大濃兀爲二部。

又食貨志云：

太祖平諸弟之亂，弭兵輕賦，專意於農，嘗以戶口滋繁，糺轄疎遠，分北大濃兀爲二部，程以樹藝，諸部效之。

此分北大濃兀之事，迭刺部與北大濃兀，情形不盡相同，然其從事分化以便統治，原則上，殆無二致，是爲對於契丹族內者。至於對其鄰接之奚人，又別有術，太祖紀云：

唐天復元年，太祖爲本部夷離菫，專征討，連破室韋於厥及奚帥轄刺哥，俘獲甚衆，……先是德祖俘奚七千戶，徙饒樂之淸河，至是創爲奚迭刺部，分十三縣，……明年二月，襲山北奚，破之，十一月，遣偏師討奚霫諸部，……五年，上親征，西部奚阻險，叛服不常，數招諭弗聽，是役所向輒下，遂分兵討東部奚，亦平之，於是盡有奚霫之地。

又耶律曷魯傳：

太祖爲迭刺部夷離菫，討奚部，其長朮里倔險而壘，攻莫能下，命曷魯持一箭往諭之，旣入，爲所執，廼說奚曰：「契丹與奚，言語相通，實一國也。我夷離菫於奚，豈有凌轢之心哉？漢人殺我祖奚首，夷離菫怨刺骨，日夜思報漢人，顧力單弱，使我求援於奚，傳矢以示信耳，夷離菫受命於天，撫下以德，故能有此衆也，今奚殺我，違天背德，不祥莫大焉，且兵連禍結，將自此始，豈爾國之利乎？」朮里感其言，乃降。

此倂奚之前後原委，於其謂曰招降，無寧謂曰連和。虜廷雜記曰：

太祖一舉倂吞奚國，仍立奚人仍舊爲奚王，命契丹人監督兵甲。又滅渤海，虜其王大諲譔，立長子為渤海東丹王，號人皇王。自號天皇王。

契丹於奚設六部吐里，猶之突厥於各部所設之吐屯，回鶻所設監護使，乃因舊習慣以設置者。迨渤海征服以後，以長子突欲主之，統馭方法，顯不同於奚族。遼史太祖紀：

天顯元年二月丙午，改渤海國為東丹，忽汗城為天福，册皇太子倍為人皇王以主之，以皇弟迭剌為左大相，渤海老相為右大相，渤海司徒大素賢為左次相，耶律羽之為右次相。

遼史百官志大東丹國中臺省所列左右大次四相，即據此而修。中臺省，為渤海官府三省之一，唐書一百十九渤海傳云：「官有宣詔省，左相，左平章事，侍中，左常侍，諫議居之；中臺省，右相，右平章事，內史，詔誥，舍人居之；政堂省，大內相一人，居左右相上，左右司政各一，居左右平章之下，以比僕射。」迭剌等之所謂四相，實為三省之裁併混合，此制度之調整與人事之配合，殆已針對事實，盡其最大之努力，因就渤海實況，不能不有渤海耆宿以鎮攝遺民也。由另一角度看，則維持渤海之舊國狀態。遼史七二義宗傳云：

改其國曰東丹，名其城曰天福，以倍為人皇王主之，仍賜天子冠服，建元甘露，稱制，置左右大次相及百官，一用漢法。歲貢布十五萬端，馬千匹。上諭曰：「此地瀕海，非可久居，留汝撫治，以見朕愛民之心。」

既賜天子冠服，又自置年號，儼然自成一單位，雖曰東丹，仍維持其舊國狀態，彷如一自治國家。故當日之渤海奚契丹，雖並隸於阿保機之旗幟下，實際上，無寧謂曰「聯合國」或「聯邦」也。此爲阿保機之巧妙運用，然契丹政治方面之人才缺乏與渤海遺民之不安，不能遽合一體，亦使其有不得不然者。

六 對於中原之企圖

阿保機對於中原之政策，因中原之變動而不同，就其用兵前後次序看，如與晉（李克用）結盟以攻燕，及晉滅燕，又聯汴梁以攻晉，此種轉變，胡三省通鑑注釋之曰：

夷狄覘國勢而爲去來，彼以梁爲強，則其背晉宜矣。

此以強弱之觀點，用國勢之說法，或有關係，但主要的，似是遠交近攻用遂南進之意。先與燕鄰，故結晉對燕，及與晉鄰，遂結梁圖晉，其間經過，縱或提倡於對方，亦當應合其心意。

通鑑後唐莊宗同光二年秋七月庚申：「契丹恃其強盛，遣使就帝求幽州，以處盧文進，時東北諸夷皆役屬契丹，惟渤海未服，契丹主謀入寇，恐渤海掎其後，乃先舉兵擊渤海之遼東，遣其將禿餒及盧文進據營平等州，以擾燕地。」此阿保機對幽州之企圖，及其戰略之巧妙——聲東擊西。

冊府元龜載：「後唐明宗初纂嗣，遣供奉官姚坤齎空函告哀，……謁見阿保機，延入穹廬，保機身長九尺，被錦袍，大帶垂後，與妻對榻引見坤，坤未致命，保機先問曰：『聞爾漢土南北各有一天子，信乎？』坤曰：『河南天子，今年四月一日，雒城軍變，今凶問至矣，河北總管令公，比爲魏州軍亂，先詔命除討，旣聞內亂，軍衆離心，及京城無主，上下堅册令公，請主社稷，今已順人望登帝位矣。』保機曰：『漢國兒與我雖父子，亦曾彼此讎敵，俱有惡心，與爾今天子彼此無惡，足得歡好，爾先復命，我續將馬萬騎，至幽鎮以南，與爾家天子，面爲盟約，我要幽州，令漢兒把捉，便不復侵汝漢界。』通鑑記：「阿保機之言曰：『若與我大河之北，吾不復南侵矣。』坤曰：『此非使臣之所得專也。』契丹主怒，囚之旬餘，復召之曰：『河北恐難得，得鎮定幽州亦可也。』給紙筆，令爲狀，坤不可，欲殺之。韓延徽諫，乃復囚之。」阿保機果否侵漢界，固不可知，其欲得幽州，爲讓步以後之要求條件，乃於二年以前已先提出者，惟此幽州一區，爲交付漢兒，以構成其聯邦之一，爲其屏藩，最低是作成「衛星型之緩衝地帶。此爲阿保機舊蓄之意見，直至臨歿未能實現者。

七　結語

阿保機建國之基礎，由於民族文化之雙重關係，不徒以中原之捍邊無人也。阿保機之政策，即順其建國之基礎，廣攬漢人，以實新國，對於被征服者，遷徙㸦合，以收防範融化之功，統治機構，縱有調整，略存舊貫，就其聯繫組織言，大體仿如聯邦，不過以契丹人監督之。至於部落之間，則化整爲零，以弱枝強幹，故能奠二百餘年之基業也。

遼史百官志曰：「遼太祖有帝王之度者三：代遙輦氏尊九帳於御營之上，一也；滅渤海國存其族帳，亞於遙輦，二也；併奚王之衆，撫其族帳，擬於國族，三也。有英雄之智者三：任國舅以耦皇族；崇乙室以抗奚王；列二院以制遙輦是已。」此六點二類，前者即順應現狀，承認事實，後者則是防範牽制之用。

第六篇　統治政策之演變與漢人地位之升降

一　引說

契丹以部落得國，自大汗以至部落首領，承襲皆由世選之法，及夫漸進文敎，其舊俗仍多遺存，不能盡廢，故契丹一朝，自阿保機建國，以至天祚播遷，始終爲貴族政治，軍人政府，其文儒臣工，不過聊備訪議，此固歷史上之常例，而遼代尤爲顯著。遼史卓行傳序云：

遼之共國任事，耶律蕭二族而已。

又逆臣傳末論云：

遼之秉國鈞，握兵柄，節制諸部帳，非宗室外戚不使，豈不以爲帝王久長萬古之計哉！及夫肆叛逆，致亂亡，皆是人也。

此即說明契丹一代，統治階級，惟有宗室外戚，其政柄未曾外移，主持政府之人物，爲此等人，政爭叛逆，亦內部之事。按契丹立國，北包部族，南兼燕雲，東盡女眞渤海頗里五國，乃維持其威勢二百餘年，終以內部之黨爭腐化而亡國，室韋羽厥等族，固強梁勇悍，同於契丹，漢人渤海，則爲文化較高之民族，並皆俯首受治，果以何術制馭之，以臻於此，試檢考其過程以說明之。

二　傀儡監督

阿保機一生，統一內部之外，又南侵營灤，東併渤海，然對方面之統治，則針對現狀，與被征服者相羈合，而取重監治。其於渤海之人事配置，最足表現此精神，欲得幽州，爲阿保機之遺志，終於賚志以長眠。

迨太宗德光，適值石敬瑭之反變，遂得承遺志以入燕雲。阿保機謂姚坤曰：「我要幽州，令漢兒把捉，便不復侵入漢界。」蓋欲趁中原變亂之會，不勞兵馬，徒以聲勢威嚇取得之。遼史太宗紀云：

天顯十一年秋七月丙申，唐河東節度使石敬瑭爲其主所討，遣趙瑩因西南路招討盧不姑（本傳作「魯不古」）求救，上白太后曰：「李從珂弑君自立，神人共怒，宜行天討……」八月庚午，自將以援敬瑭……癸卯圍晉安……冬十月甲子，封石敬瑭爲晉王，幸其府，敬瑭與妻李（氏）率其親屬捧觴上壽，……丁卯，詔敬瑭至行在所，賜坐，上從容語之曰：「吾三千里舉兵而來，一戰而勝，殆天意也，觀汝雄偉宏大，宜受茲南土，世爲我藩輔。」，遂命有司設壇晉陽，備禮册命，十一月丁酉，册敬瑭爲大晉皇帝。

此種經過，正符其先帝「我要幽州令漢兒把捉」之遺意。迨石敬瑭割燕雲之地，而自以「兒皇帝」即位於洛，又許歲輸帛三十萬匹，直是以洛爲幽州，實超越於契丹所想像之外，故德光自樂於助成也。

太宗紀會同元年十一月：

晉以幽薊瀛莫涿檀順嬀儒新武雲應朔寰蔚十六州並圖籍來獻，於是詔以皇都爲上京，府曰臨潢，升幽州爲南京，南京爲東京，改新州爲奉聖州，武州爲歸化州。升北南二院及乙室夷離菫爲（大）王，以主簿爲令，令爲刺史，刺史爲節度使，二部梯里已爲司徒，達剌干爲副使，麻都不爲縣令，縣達剌干爲馬步，置宣徽閤門使，控鶴、客省、御史大夫、中丞、侍御、判官、文班衙署，諸宮院世燭、馬羣遙輦世燭，南北府國舅帳郎君官爲敞史，諸部宰相、節度使帳爲司空，二室韋撻林爲僕射，鷹坊監治等局長官爲詳穩。

此固由於實際之需要，然亦可謂「齊一變至於魯」者也。當時太宗對漢地之統治，以駐南京之漢官主之，因契丹對於漢地漢人直接統治之方法，或感生疏，殆有不得不然者。石晉政權，介於中原與契丹之間，而南京之漢官，又介於部落與石晉之間，正是甌脫緩衝之意。契丹責成南京之漢官首長，亦猶部落一首領，故對燕雲諸州之地方設置，史無明文。惟本紀「會同三年六月丙申，閱步卒於南郊。」此步卒者，似爲漢兵，又同月「壬寅，駕發燕京，命中書令蕭僧隱部諸道軍於長坐營。癸丑，次奉聖州，甲寅，勞軍士。」蕭僧隱爲契丹人，可以推測有契丹兵士隨其側，但諸道軍者，似仍是漢軍，或即混合之軍，以擔任鎮壓。孫世芳宣府鎮志云：

會同三年，契丹主次奉聖州，大閱諸州軍，時山後五州兵，半隸營衞，因閱騎兵於州郊南，步兵於州郊北，賞勞有差，自是諸兵從獵不休。

自會同四年二月，晉安重榮執遼使者，同年六月辛卯，振武軍節度副使趙崇逐其節度使耶律晝里，以朔州叛附晉。冊府元龜載：「天成三年閏八月，契丹平州刺史張希崇殺契丹首領，以一城居人歸國命。」就此二事，可以推知燕雲諸州之地，殆用契丹人爲節度使而以漢人爲副貳，漢兵仍駐於各州。范仲淹疏所言：「契丹得山後諸州，皆用漢人爲之官守。」當即指此副貳言之也。輯本薛史九八安重榮傳載趙崇事云：

續又朔州節度副史趙崇與本城將校，殺僞節度使劉山，尋已安撫軍城，乞歸朝廷。

劉山即耶律晝里之漢名，所謂本城將校，當即漢兵，蓋當日之漢兵漢將，並未解散，特以契丹人節度使爲之監，不復襲用舊日大量遷徙之政策，此以所得之漢地漢人過多，受事實之限制。亦不能無守境自保之意。自安重榮事件以後，契丹之南邊政策，似另有所醒覺。

太宗紀云：

會同五年正月戊午，詔政事令僧隱等，以契丹戶分屯南邊。

此種舉措，當是針對安重榮事而生之反應，契丹雖有此警覺，並修正其辦法，較前爲積極，但未放棄傀羈監督之政策。推其所以如此之故，當以人才缺乏與不惜統治方法或技術。北方仍是部落酋長，惟興宗重熙六年有罷五國部酋，以契丹節度使一員領之之詔。然金史太祖紀收國二年詔曰：

自破遼兵，四方來降者衆，宜加優恤，自今契丹、奚、漢、渤海、係遼籍女直、室韋、達魯古、兀惹、鐵驪諸部官民已降或爲軍所俘獲逃遁而還者，勿以爲罪，其酋長仍官之，且使從宜居處。

是節度使者，殆未能收效，直至國祚垂絕，仍是酋長。至於渤海，亦仍貫徹先朝之精神。遼史耶律羽之傳：

太祖經營之初，多預軍謀，天顯元年，渤海平，立皇太子爲東丹王，以羽之爲中臺省右次相，……羽之蒞事勤恪，威信並行，太宗卽位，上表曰：「我大聖天皇始有東土，擇賢輔以撫斯民，不以臣愚而任之，國家利害，敢不以聞，渤海昔畏南朝，阻險自衛，居忽汗城，今去上京遼邈，既不爲用，又不罷戍，果何爲哉？先帝因彼離心，乘釁而動，故不戰而克，天授人與，彼一時也，遺種寖以蕃息，今居遠境，恐爲後患，梁水之地，乃其故鄉，地衍土沃，有木鐵鹽魚之利，乘其微弱，徙還其民，萬世長策也，彼得故鄉，又獲木鐵魚鹽之饒，必安居樂業，然後選徒以翼吾左，突厥、黨項、室韋，夾輔吾右，可以坐制南邦，混一天下，成祖宗未集之功，貽後世無疆之福。」表奏，帝嘉納之，是歲詔徙東丹國民於梁水，時稱其善。

太宗紀：「天顯三年十二月，詔遣耶律羽之遷東丹民以實東平。」卽謂此事。渤海以遼陽爲中京顯德府，有梁水，又名大梁水，太子河，後遷上京龍泉府忽汗城。遼滅渤海，以爲東丹國，以其中京爲東平郡。紀云實東平者，即傳所謂遷之梁水也。此種辦法，實沿太祖以來之防範融化政策，蓅羽之之流，即當日與預軍謀之人物，本其一貫之精神以策劃者。

右論太宗前期之事，乃承襲太祖遺志，其稍有變革，則以事實之限制，其統治精神，大體言之，殆無改動。至其後期，則有異乎此。

三　直接統治之試驗與企圖混一

契丹於其北邊政策，前後未有何不同，其南邊及國內政策之變動，大半爲對漢人之問題，亦即因與漢人關涉之頻繁，而影響其政策之改動。

太宗紀云：

會同五年秋七月庚寅，晉遣金吾衛大將軍梁言判四方館事朱崇節來謝，書稱孫不稱臣，遣客省使喬榮讓之。景延廣答曰：「先帝則聖朝所立，今主則我國自册，爲鄰爲孫則可，奉表稱臣則不可。」榮還，具奏之，上始有南伐之意。

六年十一月辛卯，上京留守耶律迪輦得晉諜，知有二心。十二月丁未，如南京，議伐晉，命趙延壽、趙延昭、安端、解里等，由滄、恒、易、定分道而進，大軍繼之。

通鑑記契丹與晉破裂之事云：

初河陽牙將喬榮從趙延壽入契丹，契丹以爲回圖使，往來販易於晉，置邸大梁，至是契丹與晉有隙，景延廣說帝囚榮於獄，悉取邸中之貨，凡契丹之人在晉境者皆殺之，奪其貨，大臣皆言契丹有大功，不可負，戊子，釋榮慰賜而歸之，榮辭延廣，延廣大言曰：「歸語而主，先帝爲北朝所立，故稱臣奉表，今上乃中國所立，所以降志於北朝，正以不敢忘先帝盟約故耳，爲鄰國稱孫足矣。無稱臣之理，北朝皇帝勿信趙延壽誑誘，輕侮中國，中國士馬，爾所目睹，翁怒則來戰，孫有十萬橫磨劍，足以相待，他日爲孫所敗，取笑天下，無悔也！」榮自以亡失貨財，恐歸獲罪，且欲爲異時據驗，乃曰：「公所言頗多，恐有遺忘，願記以紙墨，延廣命吏書其語授之，榮具以白契丹主，契丹主大怒，入攻之志遂決。（契丹國志略同。）

又薛史通鑑等並記晉出帝初嗣之時，晉廷對於契丹，本有兩種意見：一主屈柔，以李崧爲代表，一主強硬，以景延廣爲代表，延廣以有定策大功，總宿衛，出帝從延廣議。景延廣之抗爭，乃是代表漢人不甘於臣妾屈辱的一種反抗。契丹之視晉廷，不過代爲把管漢地之漢兒，即在其高坐監督下之傀儡。晉廷既不甘於此，此戰爭之所以不能避免。自然，楊光遠之通敵與趙延壽之慫恿，亦當有鼓起契丹勇氣，並加強其信念之作用。自會同六年至八年，契丹凡三次進兵，雙方互有勝負，有時南兵且深入北界，卒以劉知遠之觀望自保，與杜重威李守貞等以二十萬衆投降，遂致晉帝被執，契丹雖得最後勝利，然因在交戰過程中所受之挫折或打擊，致使其不能不略變動其政策。

太宗紀云：

大同元年春正月丁亥朔，備法駕入汴，御崇元殿，受百官賀。辛卯，降重貴爲崇祿大夫檢校太尉，封負義侯。癸巳，以張礪爲平章事，晉李崧爲樞密使，馮道爲太傅，和凝爲翰林學士，趙瑩爲太子太保，劉昫守太保，馮玉爲太子少保。癸卯，遣趙瑩、馮玉、李彥韜將三百騎送負義侯及其母李氏太妃安氏妻馮氏弟重睿子延煦延寶等于黃龍府安置。

二月丁巳朔，建國號「大遼」，大赦，改元「大同」，升鎮州爲中京。以趙延壽爲大丞相，兼政事令樞密使中京留守。

三月壬寅，晉諸司僚吏嬪御宦寺方技百工圖籍曆象石經銅人明堂刻漏太常樂譜諸宮縣鹵簿法物及鎧仗，悉送上京。

夏四月丙辰朔，發自汴州，乙丑，濟黎陽渡，顧謂侍臣曰：「朕此行有三失：縱兵掠芻粟一也，括民私財二也，不遽遣諸節度還鎮三也」。

關於所悔三事，通鑑亦記之云：

契丹主聞河陽亂，嘆曰：「我有三失，宜天下之叛我也，諸道括錢，一失也；令上國人打草穀，二失也；不早遣節度使還鎮，三失也。」

打草穀即縱兵掠芻粟，南北所記相同。又太宗紀載其報皇太弟問軍前事書云：

夙夜以思，制之之術，惟推心庶僚，和協軍情，撫綏百姓三者而已。今所歸順，凡七十六處，得戶一百九萬百一十八，非汴州炎熱，水土難居，止得一年，太平可指掌而致。且改鎮州爲中京，以備巡幸，欲伐河東，姑俟別圖。

是書繫於四月乙丑，同月丁丑，崩於欒城，此太宗臨歿之意見也。攷其措施之經過及言論，可略窺太宗當日之意向。蓋混一天下，成祖宗未竟之功，爲羽之期之太宗者，破晉之後，即建號曰「大遼」，不以民族之名契丹爲號，而又改元「大同」，大同之語，見禮運，義謂「天下爲公，四海一家。」大同紀年，頗可玩味。打草穀爲契丹行軍之舊俗，在契丹說，爲軍食所賴，無不合理之處。惟在漢俗說，縱兵以掠芻粟，則非正當行爲，而太宗悔歎此舉之非，足見其胸襟之大與其想望之目標，所謂「太平可指掌而致。」則其非「令漢把捉」之甌脫政策，從可知也。

檢太宗會同六年之進兵，趙延壽以漢人而任前鋒，驅山後及盧龍之兵五萬人，以延壽爲將，詔曰：「若得晉地，即以汝爲帝。」又嘗指延壽以告人曰：「此汝等主君也。」延壽信之不疑，即信其爲「令漢把捉」之傳統政策，故勇猛攻戰，所向無敵，自以爲憑外力以得權勢，未知契丹政策，已有不同。延壽之事，通鑑著於晉天福八年。胡三省注云：

契丹用中國之將，率中國之兵以攻晉，藉寇兵而齎盜糧，中國自此其胥爲夷矣！

身之慨乎言之，除深感於夷夏之痛外，似亦不無感於契丹政策之巧妙。通鑑記杜重威之降曰：

威潛遣腹心詣契丹牙帳，邀求重賞，契丹主紿之曰：「趙延壽威重素淺，恐不能帝中國，汝果降者，當以汝爲之。」威喜，遂定降計。

杜重威同於趙延壽，亦是相信其「令漢把捉」之政策。温公所謂「其實皆戲之耳。」以今言之，最低杜之一段，確爲「戲之」。

故契丹所以有如此之改變，當與安重榮景延廣等之連續強硬有直接關係，蓋感漢人之不足信賴，不能不努力於直接統治之試驗。故趙延壽雖靦顏低首，求一候補機會（即請爲皇太子事）而不得也。

四　草原本位政策

太宗在南侵回程中，崩於欒城，永康王兀欲，即東丹王突欲之子，遂由諸大首領之擁護推選，即帝位於鎭陽，此舉自不爲皇太弟李胡所同意，因有內部之用兵。通鑑記其事云：

兀欲慕中華風俗，多用晉臣，而荒於酒色，輕慢諸酋長，由是國人不附，諸部數叛，興兵誅討，故數年之間，不暇南寇。

按溫公所論，殆未能正確，兀欲固曾用晉臣，然並未慢諸酋也。若謂李胡之用兵，則屬於汗位之爭奪，別有原故，殊非「輕慢」二字所能概括，當其遷太后李胡於上京之後，即消滅其反對勢力以後，對於制度人事方面，亦略有調整。

遼史世宗紀云：

八月壬午朔，尊母蕭氏爲皇太后，以太后族剌只撒古魯爲國舅，立詳穩以總焉。以崇德宮戶分賜翼戴功臣及北院大王洼南院大王吼各五十，安摶、楚補各百……癸未始置北院樞密使，以安摶爲之。九月丁卯，行柴册禮，羣臣上尊號曰「天授皇帝」，大赦，改大同元年爲天祿元年，追謚皇考曰「讓國皇帝」，以安端主東丹國，封明王察割爲泰寧王，劉哥爲惕隱，高勳爲南院樞密使。

洼吼安端之流，即當時擁護世宗之諸首領，雖是新皇新貴，然所採用之辦法，大體上，則太宗以來之舊政策，繼承推行而已。南樞密院，即管領漢地漢民之機關，自會同以來，逐漸成熟，此始立之北樞密院，即仿南院而設置，以總理北事，然部落之人，自有部落首領，此新成立之統領機關，則是中央對於部族以加強軍事部勒者也。「欲伐河東，姑賜別圖。」在世宗之沿襲推行，尚未能有所「圖」，南唐已先以蠟書約相攻漢，並曾攻下安平內丘束鹿等城；且周亦代漢；劉崇自立於太原；此為當時之外緣關係。而此外緣關係，即使之不能脫於此漩渦之外，因亦對其國內有重大影響。世宗紀云：

天祿五年六月辛卯朔，劉崇為周所攻，遣使稱姪乞援，且求封冊，即遣燕王牒蠟樞密使高勳冊為大漢神武皇帝；南唐遣蔣洪來乞舉兵應援。

九月庚寅朔，自將南伐，壬戌，次歸化州祥古山。癸亥，察割反，帝遇弒。

世宗即於此結束其一生。推究世宗遇弒之原因，基於選汗之俗，汗位本不固定者，前已論列，今再求其政策或政見方面之原因，以資說明。

契丹國志記世宗遇弒事云：

北漢主遣招討使李存瓌將兵自團柏入寇，欲引兵會之，與酋長議於九十九泉，諸部皆不欲南寇，契丹主強之，行至新州之火神淀，燕王述軋及偉王之子太寧王漚僧作亂弒帝。

燕王述軋即牒蠟字述蘭之歧，漚僧則察割字也，本傳作「歐辛」，歐史作「嘔里僧」，此次叛變於親征途中，自與出兵有關，所謂諸部酋皆不欲南寇，而世宗強之一點，就此情形審之，近於事實。蓋此時契丹面臨之情形，正是進取或保守兩種辦法之選擇，歷史上，古往今來，無非此兩種精神之爭鬭，世宗之父突欲，爲通明漢事之人，世宗本身，爲從太宗南征之人，沿進取政策，南問漢事，自難爲主張保守之諸酋所擁護支持，此其所以失敗以致喪生也。穆宗代表諸酋之意見，繼世宗以主軍國，一切反於世宗之主張，趨重保守，對於燕薊漢地，自亦不甚重視。

穆宗紀：

應應九年夏四月丙戌，周來侵。戊戌，以南京留守蕭思温爲兵馬都總管擊之，是月周拔益津、瓦橋、淤口三關。

五月乙巳，陷瀛莫二州，癸亥，如南京，辛未，周兵退。

周世宗之恢復三關，爲唐太宗以下，漢人北伐最成功之一事，此固由於周世宗之英武與蕭思温之失算，然其時北廷之不重視南邊，亦爲重要原因之一。契丹國志云：

瀛莫之失，幽州急遞以聞，帝曰：「三關本漢地，今以還漢，何失之有。」

國志之言，殆有所本，其意氣之優閒，足見非純以武力之不足，太宗德光。與晉交兵之時，述律太后頗阻之。契丹國志記云：

太后謂太宗曰：「使漢人爲遼（當作契丹）主可乎？」曰：「不可。」太后曰：「然則汝何故欲爲漢主？」曰：「石氏負恩不可容。」太后曰：「汝今雖得漢地，不能居也，萬一蹉跌悔何所及。」又曰：「漢兒何得一晌眠，自古但聞漢和番，不聞番和漢，漢兒果能回意，我亦何惜與和。」

太后之主張與穆宗及當時諸酋之主張，前後相映，意旨玄同。此種反南進或保守之意見，可謂曰草原本位政策，述律后之言：「我有西樓羊馬之富，足以娛樂。」尤爲此政策之正面說明。特述律后爲太宗建議此策之人，而穆宗則此政策之執行者，試再檢穆宗時之南邊防設，益見所謂草原本位政策說之不誣。

通鑑後周紀：

顯德六年夏四月庚寅，韓通奏自滄州治水道入契丹境，柵於乾寧軍南，補壞坊開游口三十六，遂通瀛莫。辛卯，上至滄州，即日率步騎數萬發滄州，直趨契丹之境。壬辰，上至乾寧軍，契丹寧州刺史王洪舉城降。乙未，大治水軍，分命諸將水陸俱下，以韓通爲陸路都部署，太祖皇帝爲水路都部署。丁酉，上御龍舟，沿流而北，舳艫相連數十里，乙亥，至獨流口，泝流而西，辛丑，至益津關，契丹守將鍾廷輝以城降。自是以西，水路漸隘，不能勝巨艦，乃舍之。癸卯，太祖皇帝先至瓦橋關，契丹守將姚內斌舉城降，上入瓦橋關。甲辰，契丹莫州刺史劉楚信舉城降。五月乙巳朔，契丹瀛州刺史高彥暉舉城降，於是關南悉平。

又册府元龜載云：

凡得州五，縣十七，戶一萬八千三百六十一，是行也，王師數萬，不發一矢，而虜境城邑，皆迎刃而下。（薛史云：「凡得州三，縣十七，戶一萬八千三百六十。」）

讀此，吾人可得兩點印象：

一　關南之平定，悉爲舉城投降。

二　此輩投降之州將，悉爲漢人而非契丹。

就此實際之設施，則穆宗所謂「三關本漢地，今以還漢，何失之有。」宜爲本心之言，並非失地之後，故爲優閒之態，亦非宋人所撰之史，有意抑揚。

晁說之嵩山集二清康元年應詔封事云：

克是三關者，雖曰周世宗之英武，而我太祖太宗實在師間也，世宗嘗以千人之軍，溺於亂流叢葦之中，而契丹不敢以一鏃來加者，以三天子之威靈在是也。

不以一鏃來加，正足以說明「漢地還漢」非以戰敗失地也。

溫公於通鑑周顯德三年歲末云：

唐主遣兵部郎中陳處堯持重幣浮海詣契丹乞兵，契丹不能爲之出兵，而留處堯不遣，處堯剛直有口辯，久之，怨懟，數面責契丹主，契丹主亦不之罪也。

此事並見於陸氏南唐書，惟南唐書從十國紀年作「段處常」，通鑑從晉陽見聞錄作陳處堯，姓名雖歧而事相同，並言「契丹不能爲之出兵」。但皆未言何以不能出兵也。

又契丹國志論穆宗云：

是時承會同之餘威，中原多事，藩鎭爭強，莫不求援於遼國以自存，晉陽之北漢，江南之李唐，使車狎至，饋遺絡繹，遼帝以政昏兵弱，不能應之。

設契丹果是「兵弱」又何能使車狎至？蓋當時北廷政策，對於漢地本不甚重視。旣知其當權者是趨重保守，「反南進」，則其不能應之之故，亦可循以解釋。畢沅續通鑑於建隆元年趙匡胤稱帝先有鎭定二州馳奏遼軍南下，周帝命匡胤率軍往禦之事，攷異以爲遼史不著其事，較爲得實。攷異之說是也。當時契丹情勢，正爲採取草原本位政策之時期，應戰之勝敗，已不以爲意，何能舉兵南下也。而宋遼通好，亦於此時開其端。

遼史景宗紀云：

保寧六年三月，宋遣使請和，以涿州刺史耶律昌朮加侍中與宋議和。（耶律昌朮卽耶律合住，遼史八六有傳。）

又作「昌主」。蓋「合」音同「曷」，「曷」「昌」形似，「住」「朮」「主」爲同音也。李燾長編作耶律琮，琮殆合住之漢名。）

李燾長編：

開寶七年十一月，契丹涿州刺史耶律琮致書於權知雄州內園使孫全興，其略云：（參看遼文匯卷四頁八、九。）……辛丑，全興以琮書來上，上命全興答書，並修好焉。

宋人謂琮之來書，爲通好之始，不著三月遣使事，蓋以請和由已爲諱也。

遼史耶律合住傳云：

宋數遣人結歡，冀達和意，合住表聞其事，帝許議和。

按當時宋方有事於江南，欲滅後顧之患，而有和好之提議，正値契丹爲草原本位政策之時代，樂得各自相安，遂成和局。「羊馬之富，足以娛樂。」此種保守精神之發揚，致成民族的封固或自滿，但在契丹治下之漢官漢人，以其才能之優秀，不爲契丹所排斥。契丹對於北漢之卵翼，似亦未放棄，此由穆宗以至景宗之事也。

迨宋進兵北漢，屢次遣兵爲援，與宋交鋒，及北漢不支而降，宋太宗乘勝攻燕，即契丹之南京，直接相見以兵，乃大敗於高粱河。遼史稱「宋主僅以身免，至涿州竊乘驢車遁去。」可知契丹兵馬尚不弱也。

和局雖破，並未有大規模之南侵，亦以草原本位政策之支配。高麗史二云：「景宗四年，渤海人數萬來投。」按此數萬人之大量南投，自契丹滅渤海以來，除渤海世子大光顯，於國破時之率衆南奔（高麗史二繫太祖十七年，卷八六年表繫於太祖八年。）外，實爲首次之大量南奔，高麗景宗四年，爲契丹景宗乾亨元年，在契丹似亦未有何注意，當是與「三關」作同樣看法。

五　南北爭勝與比美

聖宗以少年（十二歲）繼位，軍國大政，由太后攝行，改大遼曰大契丹，耶律斜軫韓德讓參決大政，關於邊疆對外之事，稍採「干涉政策」，如西南之伐黨項，東南之征高麗女眞，皆爲新朝政策之表現，乃宋太宗欲繼周世宗未竟之大業，三路北伐以復幽燕，契丹遂移東向之師，轉而南向，自是南北交兵，宋之幽燕收復既未果，河北河東，兵禍瘡痍，終於澶淵結盟。考此次結盟之經過，遼史王繼忠傳云：

（統和）二十二年，宋使來聘，遺繼忠弧矢鞭策及求和劄子，有曰：「向以知雄州何承矩已布此懇（息戰醞釀）自後杳無所聞，汝可密言，如許通和，即當別使往請。」詔繼忠與宋使相見，仍許講和。

又宋史王繼忠傳：

景德初，契丹講和，令繼忠奏章，乃知其尙在，（初以爲繼忠戰歿。）朝廷從之，自是南北戢兵，繼忠有力焉。歲遣使至契丹，必以襲衣金帛器幣茶藥賜之。（王鞏隆平集王繼忠傳略同。）

宋遼兩方之記載，雖各以首倡議和爲諱，然雙方並有厭兵之感，當爲事實。

王曾文正公筆錄云：

王繼忠……爲契丹所獲，因授以官爵，爲其婚娶，大加委用，繼忠亦悉心勤職，由是漸被親任，乃從容進說曰：「竊觀契丹與南朝爲仇敵，每歲賦車籍馬，國內騷然，未見其利，孰若馳一介尋舊盟，結好息民，休兵解甲，爲彼此之計，無出於此者，國母春秋已高，國主承襲已久，共忻納之，咸平六年夏四月，石普方守莫州，素與繼忠同在東宮，乃命致書於普，請遣使至北境，特議和好，普具奏其事，朝廷弗之信，止令普答其書而已，是秋繼忠書復至，意甚切，令普答書，且曰：「俟彼先遣使至，即議修好。」契丹舉兵深入貝魏，邊烽警急，上在澶淵，乃遣曹利用馳往，許以通聘。

此王繼忠窺察南北情形，遂得促成罷兵言和。然太后左右之韓德讓，亦當與此事之決策有關，蘇轍龍川別志載曹利用奉使事云：

使供奉官曹利用使於兵間，利用見其母於軍中，與蕃將韓德讓偶坐駞車上，坐利用車下，饋之食，共議和事，利用許之。歲饋銀絹三十萬兩匹。

由勸議以至約成，在勸導、慫恿、決策之過程中，北朝方面，最出力之人物：一爲王繼忠，一爲韓德讓，王氏爲宋將，於統和二十一年戰敗降遼，授戶部使，賜妻室者。韓德讓則爲太后寵臣，總二樞府事，兩人皆是漢臣，或者不無故國觀念、民族觀念縈廻於心。此約既成，不僅南北黎庶，共獲休息，專就北朝而言，其影響所及，竟致朝野改觀，此由爭勝而轉致比美之劃界也。

此次兵端，自統和四年以至統和二十二年，前後十九年間，除對宋之應戰與南侵以外，關於外交者，有西夏高麗兩方面：

一　西夏

統和四年二月癸卯，李繼遷叛宋來降，以爲定難軍節度使，銀夏綏宥等州觀察處置等使，特進檢校太師都督夏州軍事。十二月李繼遷引五百騎欵塞，願婚大國，永作藩輔，詔以王子帳節度使耶律襄之女汀封義成公主下嫁，賜馬三千匹。

八年十二月癸卯，李繼遷下宋麟鄜等州，遣使來告。庚戌，遣使封李繼遷爲夏國王。

九年二月丙午，夏國遣使告伐宋捷。七月夏國以復綏銀二州遣使來告。十二月夏國王李繼遷潛附於宋，遣招討使韓德威持詔諭之。

十年二月，韓德威奏李繼遷稱故不出，至靈州俘掠以還，冬十月壬申夏國王遣使來貢。

十三年三月，夏國遣使來貢，十二月夏國以敗宋人遣使來告。

十四年正月丙寅，夏國遣使來貢。

十五年二月丙午，夏國遣使來貢，三月己巳夏國破宋兵遣使來告。己卯封夏國王李繼遷爲西平王。

六月壬子，夏國遣使來謝封册。

十六年二月庚子，夏國遣使來貢。

十八年十一月甲戌朔，授西平王李繼遷子德昭朔方軍節度使。

十九年三月乙亥，夏國遣李文貴來貢。六月夏國奏下宋恒、環、慶等三州，賜詔褒之。

二十年正月甲寅，夏國遣使貢馬駝。六月夏國遣劉仁勗來告下靈州。

二十一年五月丁巳，西平王李繼遷薨，其子德昭遣使來告。六月乙卯贈繼遷尙書令，遣西上閤門使丁振弔慰。九月乙亥，夏國李德昭遣使來謝弔贈。

二十二年七月甲申遣使封夏國王李德昭爲西平王。十月乙酉，西平王李德昭遣使謝封册。

以上見遼史聖宗紀。就此諸事，如聯婚封册等，可知其聯夏以對宋之實際經過。

二 高麗

統和十年十二月，以東京留守蕭恒德等伐高麗。

十一年春正月，高麗王治遣朴良柔奉表請罪，詔取鴨綠江東數百里地賜之。

十三年二月，高麗遣李周楨來貢，十月高麗遣李知白來貢，十一月遣使册王治爲高麗王。

十四年三月，高麗王治表乞爲婚，許以東京留守駙馬蕭恒德女嫁之。

十五年十一月，高麗王治薨，姪誦遣王同穎來貢，十二月遣使祭高麗王治，詔其姪權知國事。

十六年十一月，遣使册高麗國王誦。

二十年二月，高麗遣使來賀伐宋捷，七月高麗遣使來貢本國地理圖。

二十二年九月，以南伐諭高麗。

以上亦見聖宗紀，此南侵期間對高麗之用兵與言和。高麗史九四徐熙傳載高麗成宗十二年（遼聖宗統和十一年，癸巳。）雙方之談判云：

（蕭）遜寧語（徐）熙曰：「汝國與新羅地高句麗之地，我所有也，而汝侵蝕之，又與我連壤，而越海事宋，故有今日之師。若割地以獻而修朝聘，可無事矣。」熙曰：「非也，我國即高句麗之舊也，故號高麗，都平壤；若論地界，上國之東京，皆在我境，何得謂之侵蝕乎？且鴨綠江內外，亦我境內，今女眞盜據其間，頑黠變詐，道途梗澁，甚於涉海，朝聘之不通，女眞之故也，若令逐女眞，還我舊地，築城堡，通道路，則敢不修聘……」遜寧遂具以聞，契丹帝曰：「高麗既請和，宜罷兵。」（東國通鑑高麗成宗文懿王紀略同。）

是契丹用兵之動機，本在高麗之越海事宋，既以高麗之不支而和，仍以鴨綠江以東之地與之，卒使高麗與宋相絕，而奉契丹正朔，繼以聯婚，使孱西夏。凡此對東西之寬柔，正所以集中力量以南向，消極的使宋無所求助，積極的可收犄角之功。（其事正同於漢為匈奴而東滅朝鮮，西通西域。惟當時漢是主動，由南制北；此時遼是主動，由北制南。）此宋之終不得不俯首請和，而歲輸銀絹三十萬兩匹之歲幣。南北對峙之局，契丹居優勢，致使粉飾文教以比美，交通西域以示強，此又聖宗後期之主要政策，因南北通聘，競求使才，注意文治，掄選官吏，契丹人漸染漢化；而漢人之在契丹治下者，其地位亦不同。

自太祖以來，韓知古之輩，被依為心腹，乃是用以理漢事，偶有將漢軍以從征，如韓延徽亦不過附供驅策。太宗併有燕雲，更多漢官漢吏，但多經理財賦與州縣之事，似不能預與軍國機密，此種參謀技術之職，直可視同高級或勞心之「屬珊軍」而已。

及太宗伐晉，趙延壽率漢兵以攻中國，勇猛攻戰，求一後補之機會猶不可得。自韓德讓輔佐太后，其勢位始有不同，即一般漢人，其法律地位亦改。聖宗後期，科目日盛，種人之漢化漸深，漢人之地位亦隆，蓋中層官吏，多源於科舉，而科舉進士，舊時年僅二三人，多不過數人，至是增為數十人至百餘人，此事亦得稍窺比美南朝之消息。中京建置之事（詳京邑篇）與夫刊布大藏等亦是有意與宋比美。

六　漢人地位之漸高

興宗繼聖宗之威，政策無大變更，其個人則篤信三寶，游心翰墨，儼然一漢家天子，亦是聖宗比美南朝之結果。興宗紀言：「重熙五年十月，幸南京，御元和殿，以日射三十六熊賦，幸燕詩，試進士，御試進士自此始。」又載：「六年六月，上酒酣賦詩，吳國王蕭孝穆北宰相蕭八撒等皆屬和，夜中乃罷。」又賜南院大王耶律胡覩衮命，上親爲製誥詞，並賜詩以寵之。七月，皇太弟重元生子賜詩。是興宗之嫻於詩文可知也。

金王寂遼東行部志載沙門海山和興宗詩二首，其第二首云：

天子天才已善吟，那堪二相更同心，
直饒萬國猶難敵，一智寧當三智深。

同書又稱：「二相謂杜令公、劉侍中也。」今檢興宗朝諸臣，稱杜令公者，當是杜防。遼史八六本傳云：「重熙九年，夏人侵宋，宋遣郭楨來告，請與夏和，上命防使夏解之，如約罷兵，各歸侵地，拜參知政事，韓紹芳劉六符忌之，防待以誠，十二年，紹芳等罷，愈見信任。」劉六符即劉侍中也。遼史八六本傳云：「與參知政事杜防有隙，防以六符嘗受宋賂，白其事，出爲長寧軍節度使。」讀此，則知天才善吟屬實，而二相未能始終同心也。拓本賈師訓墓誌云：

師訓年十四舉進士，由鄉解抵京師，丞相杜中令駙馬侍中劉公口口之，文成，更相稱愛，將議聞上，以事齟齬遂寢。（見遼文匯卷七頁三五。）

師訓十四歲為重熙十四年，杜劉正在齟齬不解，此僅是二相之磨擦。主要的，則為興宗之親慕漢化，致使其國內之加速分裂。蓋契丹開國以來，二百年間，耕地陸續開墾，漢人得安居營生，其游牧民族，已由肉食而漸為食穀，同時亦逐漸貧窮，遂致契丹人中，成為（一）上層富有，與（二）甚為貧困之兩階級。另一方面，漢人以其（一）人數（二）才能（三）資產各條件，漸漸成為契丹之中層主要分子。此契丹國內之變質，乃長期交互融合之必然結果也。所謂上層富有之契丹，即支配階級，由興宗以至各大首領，因其有高高在上之地位，其非屬於優越條件或特權所限定者，則多壟斷於漢人之手，甚而所謂支配階級，其籌畫謀計或猶託之於漢人，在此變折之中，其潛伏之保守觀念，亦不免時而湧起，此因一部分急劇同化之結果，轉致其內部之分化也。

親慕漢俗者，為興宗皇帝。諸大首領乃傾向保守，豈以愈行漢化，首領權柄愈縮小，故諸首領擁護舊法而大汗急於漢化歟？乃興宗酖於詩文浮圖，亦未有何作為與整頓。善吟固無礙於治，亦無益於治，以帝位萬機，又面臨內部之嚴重局勢，而與方外沙門唱和，此食統和隆治之果，坐享太平天子之生活，未能把握機運，扭轉狂瀾，對內對外政策，一切因仍，文儒漢臣，遂得益見信任也。

拓本重熙六年李萬撰韓橁墓誌於歷叙橁祖父勳爵之後云：

其餘戚屬族人，拜使相者七，任宣徽者九，持節施綰符印宿衞交戟入侍納陛者倍百人。（遼文匯六頁三）

此韓氏系統（玉田韓氏）之下者，其聲勢已覺可驚。元王惲秋澗集題遼太師趙思温族系後，謂燕之故老，談勳閥富盛，照映前後者，有「韓劉馬趙」之目，韓、劉、馬、趙，並是漢臣，此輩漢臣，多數由科舉出身。反之，契丹人則按制不得應試。遼史八九耶律庶箴附子蒲魯傳云：

重熙中，舉進士第，主文以國制無契丹試進士之條，聞於上，以庶箴擅令子就科目，鞭之二百。

原此制始立，未嘗不寓有保持勇武之深意，乃庶箴竟擅爲之，雖是見責，而心意所趨，可知風尚已改，蓋上有好者，下必有甚焉者矣。

遼史興宗紀云：

重熙十一年春正月，遣南院宣徽使蕭特末翰林學士劉六符使宋，取晉陽及瓦橋以南十縣地，且問興師伐夏及沿邊疏濬水澤，增益兵戍之故。……閏九月，耶律仁先遣人報宋，歲增銀絹十萬兩匹，文書稱貢，送至白溝。

此次對宋之要求割地，終以增幣了之。然此並不能代表興宗之振發，欲拓疆土，實因宋人喪師於夏，欲乘宋之危，契丹人蕭惠力阻之，蕭孝穆亦不以爲然，旣而用漢人張儉之說，遂定索地之策。關於此事，尚有漢人劉六符聳動之一說，老學庵筆記云：

遼人劉六符建議於其國，謂燕薊雲朔，本皆中國地，不樂屬我，非有以大收其心，必不能久，虜主宗眞問曰：「如何可收其心？」曰：「斂於民者，減其四五，則民惟恐不爲北朝人矣。」虜主曰：「如國用何？」曰：「臣願使南朝，求割關南地，而增戍閱兵以脅之。南朝重於割地，必求增歲幣，我託不得已受之，俟得幣，則以其數對減民租可也。」宗眞大以爲然，卒用其策得增幣。

又契丹國志十八 劉六符傳云：

時契丹固惜盟好，惟六符畫策，揚聲聚兵幽涿，以動宋朝，宋方困西夏之擾，名臣猛將，相繼敗衂，呂夷簡畏之，契丹旣得歲幣五十萬，勒碑紀功，擢六符樞密使，禮部侍郎同修國史，後遷至中書政事令，子孫貴顯不絕，爲節度觀察使者十數人。

故契丹此次之成功，直可說明漢人在朝中之地位，可以左右其大政。劉六符獻策對於燕薊雲朔之人，以生計問題轉移其民族觀念。遂得興宗之採納，而漢人之在契丹朝廷，位勢乃益盛，即由六符子孫之貴顯可見之。道宗一朝，如姚景行張孝傑楊績之輩，皆以漢人秉國鈞，不同於以前之種族狹隘。咸雍二年，改「大契丹」之號，復稱「大遼」，尤爲此政策之說明。

遼朝之漢人，因生計之安定，又有科舉之途以入仕，且歷時已久，其民族意識逐漸淡漠、轉變，極至不以中原之大宋爲其祖國。遼史百四劉輝傳載其壽昌二年上書云：

> 宋歐陽修編五代史附我朝於四夷，妄加貶訾，且宋人賴我朝寬大，許通和好，得盡兄弟之禮，今反令臣下妄意作史，恬不經意，臣請以趙氏初起事蹟，詳附國史。

劉輝爲漢人，乃請以代表中原正朔之趙宋事蹟，附於遼史，而以歐五代史之附錄契丹爲不然，可知劉輝一流人物之心意，(民族意識)不但自認遼人，并以遼爲正統，此長期融合之結果，契丹人變，漢人亦未嘗不變也。

興宗重熙十二年二月，禁關南漢民弓矢，是則武事方面，仍存防備者。遼史百二張琳傳云：

> 張琳瀋州人……壽隆(昌)末，爲秘書中允，天祚即位，累遷戶部使，頃之，擢南府宰相，初天祚之敗於女眞也，意謂蕭奉先不知兵，乃召琳，付以東征事，琳以舊制凡軍國大計，漢人不與，辭之，上不允。

此爲亡國前夕，大難臨頭之頃，方與漢人以軍柄之事例，於此可見防之者至嚴，亦以見遼季武備之廢弛也。然亡其國者，竟非南方之漢人，而爲東北之女眞，女眞之族，治以太師，此太師即以酋長命官，實爲獨自樹立，坐令成長發展而爲所敗，得非顧此失彼耶？

七 結語

契丹一朝，自太祖以來，其凝一內部，遷徙服屬，仍未脫部落俘掠觀念，及威勢既張，遂欲置一傀儡政權，高坐監督，太宗立晉，即此政策之實施。滅晉之後，趨向於混一，歷世宗而穆宗，則採草原本位政策，周復三關，雖由於周世宗之英武，亦藉於契丹政策之便利也。聖宗即位，已稍改此策，宋太宗察之未審，興師復燕，所以終於納幣結盟，鑄成南北朝之分立。因對峙而求比美，提倡文教，漢人位勢漸盛，興宗而下，吟咏唱和，亦無別於漢家之太平天子，去太祖阿保機之能漢語而絕口不道於部人者，大不相同。武事廢弛，竟忘其北方尙有勇悍之人，是固由時勢之推演，當亦政策上之失敗，（金世宗之提倡本俗，即鑒於此。）而內爭亦有以促之也。

第七篇　遼季黨爭之起伏與北遼西遼

一　引說

自隋唐以來，契丹即分兩派，建國之初，屢演汗位之爭，已詳別篇，今論道宗以後之爭潮，蓋重元甫平，繼以廢后，表面上，雖是個人私事，實皆政潮所波及，立淳之議，始起於耶律乙辛，再起於耶律章奴，終由回離保耶律大石之擁以獨立，與天祚分。當其外患迫促，內不相容，遂致分崩離散，女眞南來，茲由重元之叛起，繹說其黨爭起伏之概況。而燕王之所以獨立，大石之所以西遷，因得藉以說明。冀於契丹史事求所通解，不貴事實鋪陳也，讀者督之。

二　論重元叛變之原因

重元叛亂，見遼史道宗紀淸寧九年七月，但不載起事之由，遼史百十二逆臣重元傳，僅稱其子涅魯古宿謀叛逆，然何以蓄此謀，則無說明；又記重元途窮之頃，歎曰：「涅魯古使我至此！」因檢涅魯古傳（卷百十二）僅有淸寧七年涅魯古說其父重元詐病，俟車駕臨問，因行弑逆事。凡此，並足証重元此舉，由於涅魯古之意爲多，然涅魯古傳亦不著起事緣由。大位之尊，皇室骨肉相爭之例固有，然此覬覦之念，又豈偶然而起者，玆就當日政況與人事關係推求之，以明其所以。此事爲宣懿以下諸案之序幕，其影響所及者至大，不僅叛變一端也。

王鼎焚椒錄云：

（宣懿）后生皇子濬，皇太叔重元妃入賀，每顧影自憐，流目送媚，后語之曰：「貴家婦，宜以莊臨下，何必如此！」妃銜之，歸罵重元曰：「汝是聖宗兒，豈虎思不若，使教坊奴得以可敦加我，汝若有志，當除此帳，（佷）笞打此婢。」於是重元父子合訂叛謀。

按重元妃激重元父子之事，於理殆有可能，特加重元父子以勇氣也，重元叛亂，當非僅此細故，考李燾長編仁宗至和元年九月辛巳記云：

吏部侍郎王拱辰爲回謝契丹使……契丹國母愛其少子宗元，欲以爲嗣，問拱辰曰：「南朝太祖太宗何親屬也？」拱辰曰：「兄弟也。」曰：「善哉，何其義也！」契丹（主）言曰：「太宗眞宗何親屬也？」拱辰曰：「父子也。」曰：「善哉，何其禮也！」既而契丹主屏人謂拱辰曰：「吾有頑弟，他日得國，恐南朝未易高枕也。」

此段事實，爲王拱辰所親歷，故李燾得據以著於長編中。沈括夢溪筆談亦記曰：「慶曆中，王君貺使契丹……先是戎主弟重元爲燕王，有全燕之衆，久蓄異謀，戎主恐其陰附於朝廷，故特效恭順」云云。宗元

（即重元）所以有嗣大位之機會，非僅母后之蓄意。

遼史宦者趙安仁傳云：

重熙初，欽哀攝政，欲廢帝立少子重元，帝與安仁謀，遷太后慶州守陵。

又伶官羅衣輕傳云：

上嘗與太弟重元狎昵，宴酣，許以千秋萬歲後傳位，重元喜甚，驕縱不法。

太弟云者，爲皇太弟之省詞，晉惠帝以來之故典，即「兄終弟及」之意；且重元又曾判北南院樞密使事，即候補大汗之所爲，故重元實具候補大汗之資格，而此種情形，即不必以子繼父之辦法，原有其本俗之基礎，即大汗推選之殘遺，最低有此意識之遺存，所問（宋）太祖太宗何親屬之語，則牽新事以相比附，而非效太祖太宗之義，（太祖太宗之實，爲另一事，別詳。）始有此意也。此等事實，可以說明重元叛變，自有遠因。

宋祁景文集四四禦戎論二云：

敵主懦庸，其弟悍刺好戰，本許傳國，故盡以奚契丹兵屬之，敵主有子且長更爲王，以燕薊華人屬之，然其弟當（常）右蕃卑漢，數請犯中國，子常佐漢，願與中國合，故敵主依違不能有所決，華人之輔政者，皆附主與子，蕃長之當國者附其弟，是一軀裂爲二支，禍難待時作耳，有如君長一日病死，其弟即位，愛子能相下爲君臣乎？能爲君臣無疑忌乎？華蕃大臣，能合而不限乎？內不能定，必大誅殺，安得不亂。

此論並見於歷代名臣奏議，係宋仁宗至和二年進上。至和二年，當遼興宗重熙二十四年，是年八月興宗崩，年四十，宋祁所上禦戎論爲八月以前事，蓋時宋祁爲河北邊臣，守中山，直契丹西鄙，探聞所得，故知其隱曲。審析宋祁議論中，啓示吾人者，可有兩層：（一）契丹是時有兩派，一爲興宗及其子（卽道宗）與契丹朝中之漢人，一爲興宗之弟（卽重元）與契丹之部落諸首領。（二）興宗一派，薰習漢法，慕漢風，政策上願保通和之好；重元一派，不喜漢化，傾向保守本俗，政策方面，自然比較倔強。此兩派之不同，實含有民族文化雙重關係，此是興宗晚期之情勢，惟景文預測者爲興宗以後，重元繼承之局面，而實際繼興宗者，爲興宗之愛子（卽道宗）而非太弟，道宗卽位，以皇太弟重元爲皇太叔，免漢拜不名，又遣重元安撫南京軍民，改元淸寧，大赦。淸寧四年閏十二月，賜皇太叔重元金券，道宗重元間，「能爲君臣無疑忌乎？」金券一事，似有助於吾人之瞭解。

遼史耶律孝傑傳記大康三年道宗之言，有云：「先帝用仁先化葛以賢智也。」化葛卽蕭革小字滑哥，仁先卽耶律仁先，仁先傳曰：

淸寧初，爲南院樞密使，以耶律化哥譖，出爲南京兵馬副元帥，守太尉，更王隋，六年復爲北院大王，民歡迎數百里，如見父兄，時北南院樞密官涅魯古、蕭胡覩等忌之，請以仁先爲西北路招討使。耶律乙辛奏曰：「仁先舊臣，德冠一時，不宜補外。」復拜南院樞密使。（乙辛傳略同）

此謂仁先之化哥即化葛滑哥一人，蕭革小字也。繫姓耶律誤。蕭革傳云：

後上知革姦計，寵遇漸衰。八年，致仕，封鄭國王。九年秋，革以子爲重元婿，預其謀，陵遲殺之。

李燾長編所云：「皇太后重元與其相某謀作亂，及相以貪暴黜，宗元懼，謀愈急。」所謂相某者，即指革而言。蓋蕭革與蕭阿剌不協，既譖阿剌而害之，又與仁先乙辛輩不能相協，而重元蕭革爲戚誼同氣，是爲道宗初年之暗潮。蕭胡覩傳云：

耶律乙辛，知北院樞密使事，胡覩位在乙辛下，意怏怏不平，初胡覩嘗與重元子涅魯古謀逆，欲其速發，會車駕獵太子山，遂與涅魯古脅弩手軍犯行宮。

胡覩希蕭革旨意，附革勢，嘗誣害阿剌，又與乙辛爭衡，憤不能勝，遂與涅魯古造成叛變，是爲重元起事之近因。

元修遼史於阿剌傳末論曰：「阿剌性忠果，曉世務，有經濟才，議者以爲阿剌若在，無重元乙辛之亂。」其意殆致惜於重元叛變之亂階，未能有以彌救，不知阿剌即喪身於暗潮中，又何能得阿剌而彌此變。

三　宣懿誣案與后黨再起

焚椒錄曰：

討平此亂（重元叛亂）則知北院樞密使（乙辛）與有功焉，尋進南院樞密使，威權震灼，傾動一時，惟后家不肯相下，乙辛每爲怏怏，及咸雍初，皇子濬册爲皇太子，益復蓄奸爲圖后矣。

按重元之叛，則以涅魯古與乙辛爭衡，已論如前，重元起事失敗，父子俱滅，乙辛自得獨專，惟后家尙爲所顧忌，乙辛爲排除異已，採用釜底抽薪之策，所以有誣后一案也。蓋欲以弱后家之權寵，試舉實例以爲說明。

后妃傳七一惠妃傳云：

道宗惠妃蕭氏，駙馬都尉霞抹之妹，大康二年，乙辛譽之，選入掖庭，立爲皇后……后妹斡特懶，先嫁乙辛子綏也。

按宣懿被誣賜死，乙辛即譽惠妃立爲皇后，而惠妃之妹，即乙辛子婦，是其剷除宣懿而代以己黨，其消息可尋也。然此誣后一案，即爲兩黨劇烈競爭之正式揭幕。焚椒錄云：

當誣案旣定，勑后自盡，時皇太子及齊國諸公主咸披髮流涕，乞代母死，……皇太子投地大叫曰：

殺吾母者，耶律乙辛也！他日不門誅此賊，不爲人子！」乙辛遂誣害太子無虛日矣。

此等經過，自爲理所當有，廢太子與誣后，本爲一事之兩步。害人之母 ，再侍其子之朝，自有勢所不容，故乙辛之除太子以圖自保，乃是必然之事。所可注意之點，則道宗何以不審此意，竟連演兩幕悲劇於自身骨肉之間？蕭巖壽傳曰：

（巖壽）密奏乙辛以太子知國政，心不自安，與張孝傑數相過從，恐有陰謀，動搖太子，上悟，出乙辛爲上京留守 （上京當作中京。） 會乙辛生日 ，上遣近臣耶律白斯本賜物爲壽 ，乙辛因屬白上曰：「臣見奸人在朝，陛下孤危，身雖在外，竊用寒心。」白斯本還以聞，上遣人賜乙辛車，諭曰：「無慮弗用，行將召矣。」由是反疑巖壽。

據此，知兩方之相互攻奸，道宗罔彼此猜嫌，已有黑白莫辨者。乙辛傳記其出爲中京留守之頃，泣謂人曰：「乙辛無過，因讒見出。」其黨蕭霞抹輩以其言聞於上，上海（悔？）之。可見乙辛雖出，仍圖摔軋之一般，固不徒白斯本之言。蕭霞抹即惠妃之兄，亦乙辛子婦之兄也。再檢乙辛出爲中京留守，爲大康二年六月壬寅（十六日），召還乙辛，在同年十月戊戌（十五日），計出乙辛之時間，尚不足三月，可見道宗之兩面猜嫌，幾於進退失措，此即宣懿誣案以後，不能免於太子之一段悲劇也。耶律撒剌傳曰：

耶律乙辛出爲中京留守，召百官廷議，欲復召之，郡（當是群字）臣無敢正言，撒剌獨奏曰：「蕭巖壽言：『乙辛有罪，不可為樞臣。』故陛下出之，今復召，恐天下生疑。」進諫者三，不納。

按焚椒錄序稱：「懿德（即宣懿）皇后之變，一時南北朝官，悉以異說赴權，互為證足，遂使懿德蒙蔽淫醜，不可湔洗。」是宣懿被誣，由多數朝臣黨附乙辛，而乙辛得再入樞密，仍由朝臣之多為黨護，可見當時朝臣中，黨乙辛者，占有多數之優勢。黨宣懿者既未得意，遂出於暗殺之途，蕭忽古傳云：

時北院樞密使耶律乙辛，以狡佞得幸，肆行兇暴，忽古伏於橋下，伺其過，欲殺之，俄以暴雨壞橋，不果，後又欲殺於獵所，為親友所沮。大康三年，復欲殺乙辛及蕭得里特，乙辛知而械繫之。

又耶律撻不也傳曰：

耶律乙辛謀害太子，撻不也知其姦，欲殺乙辛及蕭特里得（本傳作「得裡特」即忽古傳之「蕭得里特」順宗傳作「特裏特」。）蕭十三等，乙辛知之，令其黨誣搆撻不也與廢立事，殺之。

據此，則知雙方相逼之急，傾軋陷誣之不足，至於袖匕首以為生死搏鬬，然其對峙之尖銳與仇恨之深切，似皆非個人間事。順宗傳曰：

會護衛蕭忽古謀害乙辛事覺，下獄，副點檢蕭十三謂乙辛曰：「臣民心屬太子，公非閥閱，一日若立，吾輩措身何地。」迺與同知北院宣徽事蕭特里特謀搆陷太子，陰令護衛太保耶律查剌誣告都宮使耶律撒剌、知院耶律速撒、護衛蕭忽古謀廢立，詔案無迹，不治。乙辛復令牌印郎君蕭訛都斡等言查剌前言非妄，臣實與謀，欲殺耶律乙辛等，然後立太子，臣若不言，恐事發連坐。帝信之，幽太子於別室。

檢乙辛在中京之奏：「小人在朝，陛下孤危。」云云，所謂小人，即指嚴壽等，其意已是影喻廢立，道宗既疑嚴壽而召乙辛，可見對於此案已曾蓄疑，並不能確知其誣妄。遂得因誣后故計，設告密以避連坐之局，常人尚可欺之以其方，況道宗之多猜好疑，因蒙蔽以定誣案，黨宣懿者，多爲株連，被殺者：如蕭巖壽，蕭撻不也，蕭阿撒，奪魯訛，耶律撻不也；黜徙者：有耶律石柳，耶律古昱，鐸魯斡（並見各本傳）雖未一網打盡，餘力實亦甚微。特乙辛輩仍不爲足，必欲急奠其根基，后黨因以再起。

蕭兀納傳曰：

時乙辛已害太子，因言宋魏國王和魯斡之子淳，可爲儲嗣，羣臣莫敢言，惟兀納及夷離畢蕭陶隗諫曰：「舍嫡不立，是以國與人也。」帝猶豫不決。（大康）五年，帝出獵，乙辛請留皇孫，帝欲從之，兀納奏曰：「竊聞車駕出遊，將留皇孫，苟保護非人，恐有他變，果留，臣請侍左右。」帝乃悟，命皇孫從行，由此始疑乙辛。頃之，……出乙辛淳等。（乙辛傳略同）

金史九六王賁傳云：

賁曾祖士方，正直敢言，遼道宗信樞密使耶律乙辛之譏，殺其太子，世無敢白其冤者，士方擊義鐘以訴，遼主感悟，卒誅乙辛，厚賞士方，授承奉官。

按乙辛娶同黨蕭霞抹之妹，選入掖庭，追宣懿自盡，立爲皇后，太子既廢，遂援耶律淳爲儲，欲置權勢於不能移。兩相映照，如出一轍，其用心雖陰，其操持過急，遂與后黨以再起之機會。按紀出乙辛淳等在大康五年七月，同年十月即降乙辛混同郡王。六年，出乙辛知興中府，封皇孫延禧爲梁王，又爲設旗鼓拽刺以護衛之。七年，囚乙辛於萊州。九年，乙辛謀奔宋，伏誅。延禧進爲燕國王。黨宣懿者，復見起用，乙辛黨多被削除，最顯著者，即皇后亦隨乙辛之勢而倒。蕭酬斡傳云：

時帝欲皇孫爲嗣，恐無以解天下疑，出酬斡爲國舅詳穩，降皇后爲惠妃，遷於乾州。（后妃傳略同）

按皇后隨乙辛之勢而立，又從乙辛之失勢降爲惠妃，則宣懿誣案之爲政爭，不亦顯而易見乎？耶律儼傳言：「道宗晚年，用人不能自擇，各令擲骰子，以采勝者官之。」顧道宗此種荒怠措施，自足以養成黨爭或助長黨爭，若謂其因黨爭之烈，莫辨黑白，而趨之以骰子定黜陟，於理亦無不愜。

始乙辛與黨宣懿者不相下而誣后，由誣后而被出；因濟布朝中之羽翼而得復；又因援立儲嗣而復出；幾經波折，黨宣懿者，又握政柄，天祚於諸蕭擁護中得立，（蔡絛北征紀實云：「燕人馬植謂天祚者，乃是弒其祖老國而主自立。」此說別不得旁證。） 宣懿以來之仇鬱，遂大爲報復，耶律石柳傳載其上天祚書云：

臣前爲姦臣所陷，斥竄邊郡，幸蒙召用，不敢隱沒：陛下獲纂盛業，積年之寃，一旦洗雪，政陛下英斷克成孝道之秋，如蕭特里得，實乙辛之黨，…陛下詎可忘父仇不報，寬逆黨不誅，謹別錄順聖升遐及乙辛等事，昧死以聞。

石柳所錄乙辛等事，雖是一面之詞，要爲當事者詳細之記錄，惜已不得見，未能與焚椒錄互證，然兩黨之相爭仇報，則爲無容否認之事實。遼史百一卷末論曰：「天慶而後，政歸后族。」即指諸蕭再起以後而言也。

四 外患與內爭

天祚以來，黨宦懿者，得伸其抑鬱，但顧內爭，不見外患。耶律章奴諸人，遂趁機以謀廢立。耶律章奴傳云：

章奴與魏國王淳妻兄蕭敵里，及其甥蕭延留等謀立淳，誘將卒三百人亡歸；既而天祚爲女眞所敗，章奴乃遣敵里、延留以廢立事馳報淳，淳猶豫未決，會行宮使者乙信特（當是持）天祚御札至，備言章奴叛命，淳對使者號哭，即斬敵里、延留以獻天祚。章奴見淳不從，誘草寇數百，攻掠上京，取府庫財物至祖州，率僚屬告太祖廟：「今天下土崩，…危於累卵，臣等…上欲安九廟之靈，下欲救萬民之命。」西至慶州，復祀諸廟，仍述所以起兵之意，移檄州縣，諸陵官僚士卒稍稍屬心，時饒州渤海及侯槩等相繼來應，衆至數萬，趨廣平淀。

又耶律朮者傳：

（朮者）嘗與耶律章奴謀立魏國王淳，及聞章奴自鴨子河亡去，即引麾下數人往會，道為游兵所執，送行在所。上問曰：「予何負卿而反？」朮者對曰：「臣誠無憾，但以天下大亂，已非遼有；小人滿朝，賢臣竄斥，誠不忍見天皇帝艱難之業，一旦土崩，臣所以痛入骨髓而有此舉，非爲身計。」後數日，復問，朮者厲聲數上過惡，陳社稷危亡之本，遂殺之。

按：耶律章奴亦作張奴張家奴，天祚紀複記其事。章奴與耶律朮者，耶律乙辛皆爲反蕭黨之耶律氏，又皆爲擁立燕王淳者，是否有黨派相係之淵源，爲極值注意之事，此點關涉於燕王者至鉅。考燕王獨立之後，則則與天祚針對，此其一；且乙辛誣廢宣懿，即譽其黨蕭霞抹之妹，立爲皇后，太子既廢，即擬淳爲儲副，此其二；當道宗用蕭兀納之奏，出乙辛爲中京留守，燕王亦被出，（天祚紀稱：「上怒白斯不與淳善，出淳爲彰聖軍節度使。按白斯不事迹無考。似即爲乙辛傳語之白斯本之誤。燕王隨乙辛被出事，見蕭兀納傳。」）此其三。本此三事，似可推定耶律淳爲乙辛之黨，退一步解，亦足證其與黨乙辛者接近，最低不相仇。由另一面言，固非輔贊太子之黨，則甚明確。此次章奴朮者起事，淳子阿撒亦在內，（見卷三十天祚紀。）淳之妻兄蕭乣里及其甥蕭延留皆同謀，當淳得報之頃，猶豫不決，可見亦非無心，或即與章奴等同謀，第天祚使者適至，或勢有不容，未可知也。契丹國志十曰：

初章奴之叛也，蕭奉先以燕王素得漢人心，疑章奴潛與南路漢軍同謀，遽以聞，天祚即以同知宣徽北院事韓汝誨詣漢軍行營傳宣，……並令放還。（會編引北征紀實，桯史卷九亦並言淳得人心云云。）

天祚此種辦法，可謂一種先發制勝之緊急措施，燕王似有措手不及，縱令同謀，亦計無所施，至於斬敵里延留以獻天祚一點，未必爲淳之本心，此意雖是推測，證以前之傾近乙辛，後之獨立建國，就其前後關係上說，是一種較爲合理之推測。故章奴朮者之起事，可謂曰新黨，亦可謂乙辛殘黨之復活，天祚紀：

保大元年正月，蕭奉先恐秦王不得立，諷人誣駙馬蕭昱及（耶律）余覩等謀立晉王，事覺，昱、撻曷里等伏誅，文妃亦賜死，獨晉王未忍加罪，余覩在軍中，聞之，大懼，即率千餘騎叛入金。（松漠紀聞稱大將余覩姑以前軍十萬降。）

復於紀末贊曰：「奉先挾私滅公，首釁構難，一至於斯。」又蕭奉先傳卷百二天祚文妃傳卷七一亦並稱奉先誣余覩事。檢晉王傳則云：

晉王……積有人望，內外歸心，保大元年，南京都統耶律余覩與其母文妃密謀立之，事覺，余覩降金，文妃伏誅。（皇子表并同。）

據此，是余覩等本有謀立晉王之事，不得謂奉先誣之。此一史並存兩說，前後自相歧互，果以何者爲是，仍待吾人之推求。英人 E. H. Parker 著 A thousand years of the tartars，論女眞興起與契丹敗亡之事，謂奉先諷人誣文妃等謀立晉王，天祚信之。因賜文妃死，並誅其他被誣之人云云。僅是採據一說，未能有以考訂。檢金史百卅三耶律余覩傳：

余覩作書，具言所以降之意：「遼主沉湎，荒於游畋，不恤政事，好佞人，遠忠直，樞密使得里底，本無才能，但阿諛取容，其子磨哥，任以軍事。」又言：「文妃長子晉王，素係人望，宜爲儲副，得里底以元妃諸子，已所自出，使晉王出繼文妃。……」又言：「晉王與駙馬乙信謀復其樞密使，來告余睹，共定大計，而所圖不成。」又言：「已粗更軍事，進策遼主，得里底蔽之，遼主亦不省察。

又靖康要盟錄云：

因虜使蕭仲恭等還，密賜耶律太師（余覩）書云：「…昔聞金吾（余覩）前爲遼國將兵，數有大功，謀立晉王，實爲大遼社稷之計，不幸事不克就，避禍出國。……」

余覩降書之言，爲余覩自白，對於謀立之事，固自認不諱；且宋人致余覩書，亦以此稱說，不得謂奉先誣之。按奉先即得里底之漢名，天祚元妃之兄也。「其子磨哥，任以軍事。」即被逐之奉先父子，今余覩口中，一則曰蕭得里底蔽其策，一則曰天祚好佞人，是余覩之投金，隱有不能容於得里底之意，余覩等謀立晉王，確係史實。誣之之說，本不可信。惜 Parker 竟信據誤說。而余覩謀立晉王，又與章奴之迎立燕王，前後如出一轍。當章奴等起事，余覩諸人，是否有附贊行爲，今史闕無考，然其受章奴等之影響或啓發，則不容疑。由另一面言，可知蕭黨操持朝政與排斥異已之一般。

蕭兀納傳曰：

（兀納）改臨海軍節度使，兀納上書曰：「有蕭海里亡入女直，彼有輕朝廷心，宜益兵以備不虞。」不報。天慶元年，知黃龍府事改東北路統軍使，復上書曰：「臣與女直接境，觀其所爲，其志非小，宜先其所未發，舉兵圖之。」章數上，皆不聽。

是女眞之所爲及其動向，已是顯豁可見。然蕭奉先等隱瞞爲無事，更諱敗不言。（見遼史，契丹國志天祚紀本傳。）不能有緊急措施以對外，豈非內爭悞之。當夫章奴引兵攻上京，上京留守兀納發府庫以賚士卒，諭以順逆，宜爲以對外之目標緩和內爭意見之時機；乃章奴終是引兵攻祖州慶州，可見其有不能相合之隱矣。

五　燕王獨立

遼史卅九天祚紀：

保大二年三月，李處溫聞上入夾山，數日命令不通，即與其弟處能子奭，外假怨軍，內結都統蕭幹，謀立淳，遂與諸大臣耶律大石、左企弓、虞仲文、曹勇義、康公弼集蕃漢百官諸軍及父老數萬人詣淳府，……請淳受禮，淳方出，李奭持赭袍被之，令百官拜舞山呼，淳驚駭再三，辭不獲已而從之。……自稱「天錫皇帝」，改元建福，降封天祚為湘陰王，遂據有燕雲平及上京中京（原文漏中京，茲據遼史三十契丹國志十二，及宋會要蕃夷補。）遼西六路；天祚所有，沙漠以北，西南西北路兩都招討府諸蕃部而已。

又三十天祚紀：

天祚入夾山，奚王回離保、林牙耶律大石等引唐靈武故事，淳不從，官屬勸進，……遂即位，……以回離保知北院樞密使事。軍旅之事，悉委大石。

按此獨立之新政權，以燕王淳為中心，而主要人物，則為回離保（又作回離不，又作夔離不，即蕭幹。）與耶律大石。

金史七六杲傳云：

耶律捏里自立於燕……移書於杲請和，……其略曰：「昨即位時，在兩國絕聘交兵之際，奚王與百官同心擁戴，何暇請命。」

是燕王之立，所藉於蕭幹者尤多。按燕王本乙辛殘黨或極傾近乙辛黨之人，耶律章奴起事，燕王個人，是否參與同謀或被章奴等之擁戴，今雖不能論定，要章奴等以燕王相號召，隱約中猶可窺見其政治上之關係，試再檢蕭幹之政治立場，不難瞭然於此新政權之樹立。當余覩奔金之時，天祚遣諸將追之，據天祚紀所載，有蕭遐買、蕭德恭、耶律題里姑、蕭和尙奴、蕭幹諸人，及諸閭山，諸將議曰：「主上信蕭奉先言，奉先視吾輩，蔑如也，余覩乃宗室豪俊，常不肯爲奉先下，若擒余覩，他日吾黨皆余覩也，不若縱之，還，即紿曰追襲不及。」按此議是否倡自蕭幹，不得知，與議諸將，一致主張同情余覩，是蕭幹早已不滿於蕭得里底（奉先）等之所爲，而傾向於反蕭。（金史回離保傳稱回離保與余覩有隙，不知何隙，無涉本論主旨，茲不論。）若是則此新政權之樹立，似以兩黨之不相容也。燕王獨立以後，宋遣馬擴等用兵北境，燕王遣回離不禦之，馬擴自敍（會編六引）記其與蕭幹談判之語曰：

（略）聞北朝天祚皇帝播遷，不發赴難之師，乃纂立於燕京，……又聞已削降爲湘陰王，事出非常，興師問罪，……夔（即蕭幹）曰：國不可一日無主，本朝緣天祚失道奔竄，宗社顚危，……況唐明皇奔蜀，肅宗即位於靈武，但期中興，豈不與此事體一同。」……僕曰：「明皇幸蜀，太子監國，旣即位，乃冊明皇爲太上皇，……貴朝初非委託，自立又貶削湘陰之號，何可少望古人。」

馬擴直指此事曰「纂」，并列舉與靈武故事之不同，可見其爲兩黨對立，當時已瞭然具見。所謂「國不可一日無主」，不過爲一種飾詞，謹再舉數事以爲佐證。

一　當謁淳府時，李處温邀張琳至，白其事，琳曰：「攝政則可」，處温曰：「今日之事，天意人心已定」，（見天祚紀與張琳傳。）又天祚嘗遣知閤王有慶前來計議而殺之。（天祚紀、北盟會編十七。）是獨立早有成議。

二　降封天祚一點，已由馬擴指出與靈武故事不類。再按其詔內責「權臣壅隔，政事糾紛。」之語，是更指明蕭黨操持，不滿於天祚者，非徒西走一端。

三　燕王獨立之後，遣人以書招阿息保，阿息保雖封書以獻，天祚終怒其爲淳招，竟殺之，（見阿息保傳）

四　天保聞淳死，遂傳檄取燕，（見天祚紀）

右四點，足證雙方之疾恨甚深，亦即兩黨之互不相容。茲更進而推論天祚之離燕西去，非僅以女眞之追襲，實有內在原因。考蕭幹等諸將，奉命追余覩，無功而還，蕭得里底（奉先）疑有諸將皆叛之危，故勸天祚特加峻賞，（見天祚紀）可見奉先雖未悉蕭幹等之議，彼此情勢之不愜，已瞭然在心目中，女眞而外，已有內變之懼，故惟勸天祚西去，殆以內外之雙重恐怖。蕭得里底傳記其見逐於天祚之後，耶律九斤送之耶律淳，得里底自知不免，遂不食以死，亦可見奉先之不見容於新朝，奉先已早自知，天祚紀末論何不東拒金而迎天祚。實天祚在諸蕭擁圍中，淳固疾之甚深也，何能迎之。淳臨危時，朝中有迎秦拒湘之議，淳曰：「天祚果來，吾有死耳。復何面目相見耶！」凡此，皆可有助於吾人明瞭燕王（北遼）政權之性質。

章奴起事，減對外之武力，余覩叛降，增女眞以嚮導，（金史太祖紀天輔五年七月詔：「自余覩來，灼見遼國事宜，已決意親征」云云。）故由天祚言之，內憂不減於外患，由燕王言之，則獨立所以反蕭，重新建立宋金關係，（燕王獨立後，曾於宋金幷遣使請和。）雖是擁城自肥，實以黨派爲背景，互不相容，此完顏所以得長驅而南。

論者每以天祚荒於游畋，以致亡國。如顧亭林菰中隨筆謂金自收國稱帝，十二年而滅遼，即歸咎於天祚荒淫。從未有論及內爭者，此即本論所欲揭發之覆也。

六　大石西遷

遼史卅天祚紀云：

耶律大石……太祖八代孫也。……與諸大臣立秦晉王淳爲帝，淳死，立其妻蕭德妃爲太后，及金兵至，蕭德妃歸天祚，天祚怒，誅德妃，而責大石曰：「我在，汝何敢立淳。」對曰：「陛下以全國之勢，不能一拒敵，棄國遠遁，使民塗炭，即立十淳，皆太祖子孫，豈不勝乞命於他人耶。」上無以答，賜酒食，赦其罪。大石不自安，遂殺蕭乙薛坡里括自立爲王，率鐵騎二百宵遁。

紀末又曰：「天祚責以大義，乃自立爲王而去之。」俄人 E. Bretschneider 撰 Mediaeval Researches

From Eastern Asiatic Sources 即據之爲說，梁園東譯其西遼部分曰西遼史，譯註引遼史大石諫天祚一事，謂天祚方欲用大石，亦未必深責之，大石亦力爲謀畫，亦似非過於內不自安，又據大石停留之久，（保大三年九月逃歸，至四年七月始西行。）疑其西遷者，當係逆知事已不可爲，乃謀所以自處。又有謂旣內不自安，復審大勢已去，乃謀所以自處者。諸說皆不誣。倘再究其歷史背景，又不難爲進一步之瞭解。按燕王與天祚分立，其主要原因，爲兩黨不能相容，前已具論，故燕王獨立，可謂爲兩黨之正式分裂，大石爲燕王朝之主要份子，自難容於蕭黨之朝，計不見用，當爲蕭乙薛輩所阻，不自安者，則恐蕭乙薛輩圖之，蓋蕭乙薛曾於天慶初知國舅詳穩事，累遷劇官，固國舅黨之傑，故大石憤身西去，特斷蕭乙薛坡里括以洩憤悶。此道宗以來之爭執，殆有悠遠之仇視也。征服世界者傳（Tarikh Djihan Kushai）有云：「黑契丹的可汗在他的人民中本極有聲望，但因爲政治上不得已的關係，才離去其本國。」（多桑蒙古史卷一引）此政治上不得已的關係，讀者可於本篇中得之。惟有可注意者：即西投天祚一點。契丹國志十二云：

初蕭后東歸，以避金人，駐松亭關，議所往，耶律大石林牙，遼人也，欲歸天祚，四軍大王蕭幹，奚人也，欲就奚王府立國，有宣宗駙馬都尉蕭敦迭曰：「今日固合歸天祚，然而有何面目相見」，林牙命左右牽出斬之，傳令軍中：「有敢異議者斬。」於是遼奚軍列陣而分矣。（會編十二引亡遼錄略同）

大石既與天祚朝之蕭黨不相容，寧不自知，何以又首倡歸天祚之議，不惜與蕭幹列陣而分，前後若相矛盾，實大石與蕭幹之分，以種族之不同，南不能睦於漢人，北又不能合作　，故大石當時環境所受之刺激，惟有民族觀念「非我族類」之感，檢其對天祚語「皆太祖子孫，勝乞命於他人」云云，又其諭七州十八部之文：

我祖宗艱難創業……今以臣屬逼我國家，殘我黎庶，剪我州邑，使我天祚皇帝蒙塵於外，日夜痛心疾首，我今仗義而西，欲借力諸番，剪我仇敵，復我疆宇。

然則大石爲存祖宗遺業，仇蕭黨而非仇天祚也。究其始立燕王，復歸天祚，終之西遷自立。皆可本此一念釋之。然則與蕭幹之列陣分立，非但不矛盾，更覺其有一貫不悖之主張。

七　結論

大石之後，又有耶律留哥者，仕金爲北邊千戶，嘗叛金自立，號爲遼王，亦契丹再起之事，然不能內部團結，其部下耶厮不又別稱大遼收國王，仍復內訌，竟爲其部下所殺，遂由部將乞奴監國，乞奴尋爲金山所殺，金山又爲統古與所殺而代之，統古與又爲喊舍所殺而代之，短短期間，四易其主，蓋專於內訌，又何怪恢復之無成。凡此，雖亦爲內爭，然與亡國以前之事有別，已詳別篇，不備論。今論遼季黨爭，如重元以下各事，多屬骨肉傾軋，自相殘毀，甘與敵人以機會，竟致國亡而不悟，天祚播遷，耶律淳之輩，不舉勤王之兵，不爲攝政監國，而降天祚之號，是黨爭之終不可解也。推其黨爭之故，由於汗位繼承之流弊也，由於君主之無能也，而守舊與漢化之兩種見解，又復參錯於其間，因私嫌以及政事，卒至不可收拾。蓋每一制度，久則弊生，如選汗辦法，本草原游牧之舊事，乃復嚴用於國家規模已具之時，舊俗新事，故黨爭所以不免，當國者又不能注意消滅，以改變其形勢，督意助長，因以益烈，及成對峙之局，互相水火，雖有大志卓絕如大石者，挺身往投天祚，終於不能相安以别，所謂大勢已成，英雄不得不屈於時勢矣。

（上編完）

本編徵引書目畧

史記　史記索隱　漢書　後漢書

三國志　三國志裴注　趙一清裴注補　梁章鉅旁證

晉書　魏書　周書　隋書

南史　北史　舊唐書　新唐書

輯本薛史　五代史記　宋史　遼史

金史　元史　蒙兀兒史記　通典

文獻通考　唐會要　宋會要稿　續通志

陸氏南唐書　九國志　契丹國志　大金國志

三朝北盟會編　高麗史　元朝秘史　宏簡錄

資治通鑑　通鑑考異　胡氏通鑑注　通鑑釋文

續資治通鑑長編　東國通鑑　畢沅續通鑑　三皇本紀

通鑑外紀　春秋命歷序　莊子　孟子　韓非子

易　禮記　史通　白虎通　文選及李注

亡遼錄　焚椒錄　虜廷雜記　胡嶠陷遼記
遼東行部志　松漠紀聞　燕北錄　歸田錄
輟耕錄　草木子　西齋偶得　黑韃事略
蒙古源流　楊維楨正統論　遼史拾遺　二十二史劄記
册府元龜　歷代名臣奏議　宣府鎮志　郡齋讀書後志
辦理四庫全書檔　宋朝類苑　東齋紀事　龍川別志
老學菴筆記　夢溪筆談　北征紀實　桯史
王曾筆錄　菰中隨筆　廣陽雜記　輯本字林考逸補附錄
韓昌黎集　王鞏隆平集　宋景文集　晁說之嵩山集
王秋澗集　姚牧菴集　鬼方猑夷獫狁考　隋唐政治史述論
東胡民族考　魏書外國傳考證　蒙古庫里爾台之研究　八旗制度考實
J. Abbott, Chenghis Khan.　L. H. Morgan, Ancient Society.　E. Bretschneider, Medival Researches from Eastern Asiatic Sources.　E. H. Parker, A thousand years of the Tartars.